U0742369

企业

数字化

转型

从认知到落地

陈 霞 谷奇峰 王辰光◎编著

人民邮电出版社
北京

图书在版编目（ＣＩＰ）数据

企业数字化转型：从认知到落地 / 陈霞，谷奇峰，
王辰光编著. -- 北京：人民邮电出版社，2023.5
ISBN 978-7-115-61388-2

Ⅰ．①企… Ⅱ．①陈… ②谷… ③王… Ⅲ．①企业管
理－数字化－研究 Ⅳ．①F272.7

中国国家版本馆CIP数据核字(2023)第048424号

内 容 提 要

  本书是面向数字化转型相关人员的专业图书，首先，介绍了数字化转型的驱动因素、核心内涵，其中重点介绍了数字化转型核心技术；其次，阐述了企业数字化转型应具备的结构化思维；再次，详细列举了大量应用案例，介绍企业数字化转型的成功模式及标杆；最后，用三步九转功成法介绍企业数字化转型的详细步骤，为企业数字化转型提供相关经验和借鉴。本书适合政府机关工作人员、企业家、管理人员、技术人员等数字化转型相关人员阅读，也可作为数字化转型相关参考用书。

◆ 编　著　陈　霞　谷奇峰　王辰光
  责任编辑　王建军
  责任印制　马振武

◆ 人民邮电出版社出版发行　　北京市丰台区成寿寺路 11 号
  邮编　100164　　电子邮件　315@ptpress.com.cn
  网址　https://www.ptpress.com.cn
  固安县铭成印刷有限公司印刷

◆ 开本：720×960　1/16
  印张：12.75　　　　　　　2023 年 5 月第 1 版
  字数：169 千字　　　　　2023 年 5 月河北第 1 次印刷

定价：79.90 元

读者服务热线：(010)81055493　印装质量热线：(010)81055316
反盗版热线：(010)81055315
广告经营许可证：京东市监广登字 20170147 号

党的二十大报告中提出，加快发展数字经济，促进数字经济和实体经济深度融合，打造具有国际竞争力的数字产业集群。对于今天的传统企业来说，数字化转型已经不是一道"选择题"，而是一门必须付出实际行动的"必修课"。

面对汹涌的数字经济浪潮，许多企业会感到迷茫、不知所措。技术发展日新月异，互联网商业模式也在不断变革，加之当前经济环境的复杂性，企业已经到了数字化转型的关键时刻。企业应该如何把握机遇、迎接挑战，顺利实现数字化转型呢？在本书中我们给出了一套完整的数字化转型方法论：取势—明道—优术。

取势，即把握大势，逐浪而行。对于数字化转型这一大趋势，我们需要深刻把握其本质，并顺势而为。一方面，我们需要了解企业为什么要进行数字化转型，数字化转型在如今的时代背景下到底有何重要意义。另一方面，在了解了数字化转型的必要性后，我们还需要关注数字化转型面临的挑战，只有深刻了解这些挑战，我们才能做到知己知彼、有的放矢。在了解以上两个方面的基础上，我们将进一步探讨数字化转型的本质，同时列出一些认知误区及常犯错误。除此之外，我们还需要了解当前发展趋势下数字化转型涉及的各种核心技术，从而与数字技术发展的快车道成功接轨。这里，我们将展开数字化蓝图，深入解读《"十四五"数字经济发展规划》，把握数字经济发展的最新趋势。

明道，即理性认知，抓住机遇。数字化转型，首先是思维的转型，对于企业的管理者来说，只了解数字化转型的发展背景及发展趋势是远远不够的，更重要的是形成能够指导企业实现数字化转型的思维与方法论。因此，我们会为读者介绍互联网的九大思维和数字化转型的五大结构化思维，并介绍数字化转型的5种成功模式，同时展示3个数字化转型典型综合标杆案例，帮助读者从底层思维上建立起对数字化转型的理性认知，明确数字化转型之道。

优术，即联系实际，落地执行。 对于数字化转型，我们不仅要做到"心中有道"，还要做到"脚下有路"。任何不能被应用于实践的战略规划终究只是空中楼阁，因此，数字化转型的最后一步就是将认知落地。我们将为读者介绍一种数字化转型落地方法——三步九转功成法。此方法从顶层设计出发，到具体实施步骤，最后到转型效果评估，完整地介绍了数字化转型的具体落地步骤。企业通过三步九转功成法，能够从0到1、分阶段分步骤、科学务实地开展数字化转型战略实施。

一方面，数字经济的浪潮席卷全球经济，将无数的企业"淹没"；另一方面，汹涌的波涛之下也埋藏着珍贵的宝藏，等待着敢于拥抱变化的企业发掘。本书将致力于为企业提供一条明确的数字化转型航线，从认知到落地，帮助企业在数字经济的浪潮中走得更远。

作者

2023 年 3 月 10 日

目录
CONTENTS

─◦─◦─ **第3章 企业数字化转型的结构化思维** ─◦─◦─

第 1 章

企业数字化转型驱动因素

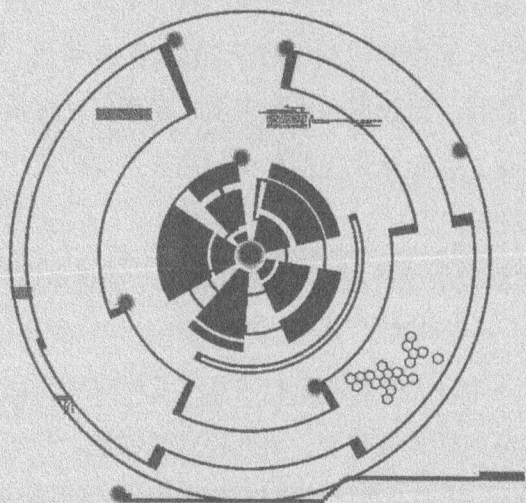

1.1 企业为什么要进行数字化转型

收 益

认知收益

· 企业数字化转型是国之大势

知识收益

· 了解企业数字化转型对我国的意义
· 了解发展5G的意义
· 了解发展数字经济的重要性

"明者因时而变，知者随事而制"。一家企业的成功，首先在于"取势"，通晓时代与国家的大势，方可扶摇而上。

于时代而言，企业进行数字化转型的本质是参与新一轮的革命——由工业化、信息化走向数字化、智能化。人类的信息化始于20世纪60年代。从当时的大型计算机，到今天的云计算、大数据和虚拟现实，互联网正在从消费互联网走向产业互联网。数字化、智能化作为信息化的高级发展阶段，将给所有的产业带来新一轮的范式革新。

于国家而言，数字化转型是发展数字经济、打造数字社会的一项顶层设计，是我国百年未有之大变局下的巨大历史机遇。

于企业而言，企业正面临新一轮巨大的产业风口。从工业时代到互联网时代，再到数字时代的变迁中，旧的模式被打破，新的模式被创造。与工业经济时代相比，企业从战略到文化、从商业模式到组织架构、从技术到业务、从认知到落地，各个方面都需要进行系统的数字化转型。

⚙ 1.1.1　5G 看中国，抢占新优势

毫无疑问，5G 是数字经济时代一颗璀璨的明珠。5G 与大数据、云计算、人工智能、物联网、区块链等数字技术相互赋能，形成技术裂变，进而产生商业裂变。5G 天然为产业而生，将极大地推动我国从消费互联网向产业互联网转变，对于我国数字经济的发展具有独特的意义。

发展 5G 的意义是什么？

在经济方面：5G 将带动近百万亿元级规模的新兴产业，将拓展我国经济发展的新空间，为经济增长提供新引擎，注入新动力。中国信息通信研究院预测，到 2035 年，5G 将在全球范围内创造 12.3 万亿美元的经济产出，5G 价值链将创造 3.5 万亿美元的产值及 2200 万个就业岗位，5G 生态对全球实际 GDP 的贡献将与整个印度的 GDP 相当。

在社会方面：4G 改变生活，5G 改变社会。5G 大带宽、广连接、高可靠、低时延的特性天然为产业而生，这也意味着 5G 将有效推动生产方式的变革。例如，将 5G 应用于电子政务、智慧城市、智慧交通等领域，提高政府决策的科学化程度及社会治理效能；5G 与虚拟现实、人工智能、大数据、云计算等技术协同，可产生智能制造、智慧教育、智慧医疗、无人驾驶、智能家居等新服务和新模式，提高服务效率，改善用户体验。

在战略方面：3G 看欧洲，4G 看美国，5G 看中国。3G 时代，欧洲在爱立信、诺基亚的带领下引领了 3G 转型，实现了社交通信体验临界点的突破；4G 时代，美国在高通、苹果等的带领下接过 4G 的接力棒，实现了移动应用体验临界点的突破；而 5G 时代，我国运用 5G 赋能千行百业，实现万物智联体验临界点的突破。

另外，我国在 5G 领域很早就开始谋篇布局。在专利方面，我国在 5G 领

域的专利数量占全球总数的 40%；在新基建方面，截至 2023 年 2 月末，我国 5G 基站总数达 238.4 万个，占移动基站总数的 21.9%。

回顾历史，之前的每一代移动通信技术的更迭（从 1G 到 4G），都保持着"一代十年"的规律。5G 时代，我国处于优势领先的地位，抢占了万物互联的超级连接制高点。

⚙ 1.1.2　数字中国，大国变强国

目前，我国 GDP 总量已稳居全球第二，且工业经济规模连续多年居全球首位，成为全世界唯一拥有联合国产业分类中所列全部工业门类的国家。

我国要想从大国向强国转变，打造优势稳定的价值链并提升产业竞争力，就必须进行产业结构升级。

在《中华人民共和国国民经济和社会发展第十四个五年规划和 2035 年远景目标纲要》中，"数字化"一词出现过 25 次，相关词出现了 60 多次。这充分说明，通过数字经济拉动我国高新产业的发展，实现技术引领、高附加值引领、高产业控制度引领、高辐射度引领，是我国新时代背景下提升 GDP 有效价值的核心。

数字化转型怎么转？"要致富，先修路"——数字化转型欲动，"新基建"先行。2018 年 12 月，中央经济工作会议首次提出了"新基建"的概念。所谓"新基建"，就是新型基础设施建设，包括 5G 基站建设、特高压、城际高速铁路和城市轨道交通、新能源汽车充电桩、大数据中心、人工智能、工业互联网七大板块。在这七大板块中，与数字化转型紧密相关的有 4 项，分别是 5G 基站建设、大数据中心、人工智能和工业互联网。

本质上，"新基建"中的"数字基建"是打造所有企业在数字经济时代发展的底座和根基。如果说工业经济活动主要建立在以铁路、公路、机场等为

代表的传统基础设施建设上，那么数字经济则主要建立在 5G 网络、大数据中心、人工智能、工业互联网等"数字基建"之上。而基础设施的数字化，也将使数据成为新的关键生产要素。**在数字经济时代，只有夯实数字化基础，完善智能化发展生态，企业才能更好地发挥创新主体的作用，助力我国经济培育新的增长点，形成新动能。**

1.2　企业数字化转型面临的核心挑战

↘　收　益　↘

认知收益
- 企业数字化转型面临的挑战

知识收益
- 了解数字化转型过程中企业面临的核心技术挑战
- 了解数字化转型过程中企业面临的核心管理挑战

企业数字化转型机遇与挑战并存。正如剑有双刃一样，企业数字化转型也同样面临转型浪潮带来的挑战。我们只有在了解挑战的基础上，才能更好地把握机遇，乘势而上。

我们可以从数字化转型面临的核心技术挑战和核心管理挑战两个方面深入了解。

1.2.1　企业数字化转型面临的核心技术挑战

数字化转型在技术上所面临的核心挑战大致可分为两个方面：一是数字技术与业务流程难以深度融合；二是数据方面存在技术难题，包括数据采集与共享难、数据治理难及数据决策难。

◔ 数字技术与业务流程难以深度融合

所谓"融合"，简单来说就是将若干个元素有机地整合在一起，形成一个有机整体。在数字化转型的过程中，推动数字技术与业务流程的融合，实际上是将数字技术有效应用到业务的各个环节，提升业务质效，驱动业务模式转型，但融合过程中存在以下挑战。

◎业务流程个性化：隔行如隔山

不同行业的业务流程是不同的，甚至同一行业不同产品的业务流程也存在差异。业务流程的个性化，导致数字技术与各个行业业务的融合存在困难。

例如，医疗业、金融业、制造业因行业不同，业务流程存在巨大的差异；同为制造业，电子设备制造行业、重型装备制造行业、医药制造行业、日用品制造行业的业务流程差异较大，痛点需求也不尽相同，甚至仅就"智慧物流"这一个数字化项目，在上述的各个制造业之间，也会因业务流程不同而在规划设计及算法上存在差异。

也就是说，我们很难找到一个通用的范式来适用于所有的行业。一个行业的成功模式无法完全且快速地复制到另一个行业，正所谓"隔行如隔山"，我们对数字化转型的思考，不应该仅仅停留在将技术铺盖在业务表面这个层次，还应该思考如何让数字技术深入地"拥抱"业务流程，使业务向智能化的方向升级。

◎技术专家不是业务流程专家：术业有专攻

数字化转型可能由企业内部的技术人员完成，可能外包给第三方企业完成，也可能是本企业与第三方企业一起成立创新实验室来共同完成，这就给企业的数字化转型带来了挑战。

首先，从销售环节开始，数字化转型解决方案提供商的营销经理可能存在不能深入了解企业业务流程的问题，其提供的解决方案可能是共性解决方案。

其次，第三方企业很可能存在信息技术专家不是业务流程专家、不懂企业流程的情况，使数字化转型达不到企业的预期效果；也存在企业内部技术驱动数字化转型，但技术专家并不熟悉企业业务流程的情况，导致数字化转型不能有效地指导业务。

⊙ 数据方面存在技术难题

下面主要从数据采集与共享、数据治理及数据决策 3 个方面来剖析数据在技术上存在的挑战。

◎数据采集与共享难

★ 全量全要素连接

在数字化时代，我们需要构建的不再是一个简单的数据化机构，而是一个数字化的"智能体"：所有关联的数据都相互连接，无论是业务数据、管理数据还是技术数据，都能随时被调用、被查看，实现数据的全量全要素连接和实时反馈。

例如，如果飞机降落后能停靠在廊桥，那么旅客就不用拿着行李再去坐摆渡车。对于机场而言，要想让旅客感受到方便快捷的出行体验，提高飞机的靠桥率就成了一个需要解决的问题。

以深圳机场为例，以前飞机靠桥主要依靠人工操作运营资源管理系统来分配机位。该系统主要采集和连接了机场的机位数据、机位配置数据及包括航线方向、机型信息、旅客信息等在内的航班的静态数据。但在 2018 年年底之前，在深圳机场的 230 多个可用机位里，廊桥机位仅占 1/4，剩下的 3/4 都是需要旅客坐摆渡车才能登机的远机位。

华为公司和深圳机场合作后，提供了一套人工智能（Artificial Intelligence，AI）调度系统，在原来系统的基础上，连接了运行指挥平台和空管协同决策系统的数据,包括飞机的航空器信息、冲突信息、地服信息、滑行信息等。使用该系统后,深圳机场的廊桥利用率提升了 10%,这意味着每年能让 260 万人省去坐摆渡车的时间。

为什么前后的差异如此大呢?很明显,后来的系统更接近全量全要素连接的要求,例如,飞机的航空器信息是飞机业务中的一个属性,之前深圳机场只采集了飞机的航线方向和机型信息,但是忽略了飞机的航空器这个要素,采集了飞机的航空器信息后,机场自然能基于飞机的运行状态进行更精准的调度。

关于业务对象的采集和连接,有一个概念叫"数字孪生"。简单来说,数字孪生是指对照现实世界里的业务对象,在数字世界里构建一个一模一样的模型。有了数字孪生,现实世界里很难做的事,可以在数字世界完成。

把全量全要素的数据采集和连接好之后,需要看这些数据是不是能够还原业务对象的全貌。这是对业务对象进行数据采集的标准。例如,一家制造大型飞机的企业可以不生产样机,而是借助数字化的手段来完成所有的测试、仿真,直接生产出复杂度极高的飞机。

在了解数据全量全要素连接的内涵和标准之后,其中涉及的困难与挑战就一目了然了。

首先是数据采集方面的问题。我们可以以数据来源为切入口进行分析,企业所使用的数据一般有内部的商业数据、传感器数据及外部的互联网数据等。

对于内部的商业数据而言,数据传输协议没有统一标准,互联网数据采集一般使用超文本传送协议等,但在企业领域,会出现 Modbus、对象连接与嵌入的过程控制、控制器局域网络、ControlNet、DeviceNet 等各种类型的协议,且各个自动化设备生产及集成商会自己开发各种私有的协议,导致企业在协议的互联互通上出现了极大的难度。另外,由于厂商水平参差不齐,大部分系统是没有数据接口的,文档大量缺失,大量的现场系统没有点、表等基础设置数据，采集这部分数据的难度极大。

对于传感器数据而言，传感器本身的研发与布置常常会遇到一些挑战。收集高质量的数据对传感器的技术要求是极高的，例如，智慧农业中监测光照、温度、湿度等数据的传感器需要足够灵敏，才能够满足实验需求。另外，如果没有详细周密的传感器布置规划，那么最后采集的数据可能并非我们预期的数据。

互联网数据的采集难度在某种程度上不是来源于采集本身，这是因为采集到数据之后需要处理数据，必须考虑数据的规范与清洗，大量的互联网数据属于"脏数据"，如果直接存储则无法用于分析。在存储数据之前，必须对其进行处理，如何处理海量的数据，这就从技术上提高了难度。

其次是"数据烟囱"问题。简单来说，"数据烟囱"问题是指一种信息系统不能与其他相关信息系统进行互操作或协调工作。数据只是堆叠，像一个个独立的烟囱，没有办法协作运转起来以指导业务。一方面，业务部门认为自研耗时太长、自研能力不足或者互联网技术（Internet Technology，IT）部门设计的系统不好用，于是购买了很多外购系统，然而，外购系统往往针对的是局部需求，在技术架构、数据标准等方面存在差异，这就容易导致各个部门的数据接入之间存在壁垒。另一方面，企业在自主建设平台时，可能会忽略与业务的深入融合，疏漏了打通各部门之间的数据屏障这个重要的问题。

因此，在数字化转型过程中，我们一开始设计业务平台时，就需要制定统一的技术标准，从而方便各个部门之间互相接入。另外，要充分考虑各个部门之间的协作关系，打通各个部门之间的数据流，避免"各自为战"的情况。例如，用销售部门的业务数据去指导研发部门的设计思路，只有让数据灵活地流动起来，才能驱动业务不断优化。

最后是企业不愿意共享数据的问题。以上所说的是企业内部的数据采集与共享，实际上，企业在不断向外扩张的过程中，难免要借助一些外部数据帮助自身发展。例如，要想了解目标用户群的信息，最快且最有效的方式是借助其他企业已有的相关数据展开分析。而大部分企业把自己的业务数据视为核心机密，因此，很多企业往往建立了相当严密的防御机制来防止数据泄露或不愿意共享。

在企业有强烈愿望与其他数据拥有方合作建模，但出于商业和合规方面的考虑，又不愿意共享核心数据的情况下，联邦算法应运而生。如果把企业所用到的机器学习比作养羊，那么"羊"就是机器学习模型，"羊"吃的"草"就是数据。传统的集中式机器学习是将草场中的草都收割好，送到羊圈里给羊统一吃，羊一直置于羊圈。而联邦学习则不再将羊置于羊圈，而是让羊去不同的草场上吃草。

但是，为了保护源数据，要对其中的部分环节使用同态加密的方法进行改造，也就是说，联邦算法相当于促成两个企业合作的"中介"，分析师无须关注算法密码学和机器学习改造的底层细节，只需要选择在企业内部运行的联邦算法，即可完成机器学习建模流程，这样就解决了既需要数据合作来改善业务，又必须对数据进行保密这一问题。

★ 实时反馈

华为公司对实时反馈的评判标准是：这套系统是否具备了7项职能——预测、预警、监控、协同、调度、决策和指挥。

华为公司通过连接渠道、用户、广告投放量等维度的数据，可以综合预测出第一批新手机的产量，这是预测职能。

数量确定后，就进入制造环节，目前很多工厂的生产线改为智能生产线，人工干预较少，但是会配有严格的监控设备监控生产线的投料情况、运行情况等，这是监控职能。

数据收集完之后可以用于风险预警，例如，扫描物料铭牌时，如果铭牌的信息错误，生产线会自行判断出装配关系不成立，给生产线人员发送预警信息，提醒需要人工干预，这是预警职能。

产品的制造信息会和供应、物流协同。以前是按订单生产，产品要先入库，等物流车来装；现在是直接与物流数据协同，知晓物流车的实时位置，等物流车快到工厂时，再安排生产，生产完直接装车运输，不再重复扫描存储。在这个过程里，协同、调度、决策、指挥的职能都有所体现。

在了解了实时反馈的内涵与标准之后，再来思考影响实时反馈的因素。

影响实时反馈的因素主要是实时衔接。而影响各个设备或者系统实时衔接的因素不仅包含彼此之间的数据传输协议和标准，也包含系统设备的接力。要想做到实时反馈，就需要使具备上述 7 个职能的各个系统和设备之间的数据传递畅通无阻，贯穿整个业务流程。

在数据传输协议和标准方面，存在网络与设备标准互通难等问题，导致网络和设备之间并不能顺利连接。例如，通信协议标准和工业设备标准需要互通；不同设备存在不同时期、不同厂商、不同标准、不同协议等新系统和老系统接力的问题，新设备和老设备可能使用的是不同的数据传送协议，也就是说两者遵循的是不同的传送规则，可能不能进行相互的数据读取，但是在数据处理阶段，新设备不支持存储的数据格式，无法通过分析向下一个环节传达指令，这样自然也就无法实现在流程中的实时反馈。

综合看来，要想实现数据的全量全要素连接及实时反馈，企业需要面对数据收集、共享、连接等方面的挑战。

◎ 数据治理难

对于想要开展数字化转型的企业，其要想充分发挥数据在业务中的指导作用，获取和共享数据还不够，还需要治理数据。下面从数据清洗、数据标注、数据融合和数据保护 4 个方面一一做出解析。

★ 数据清洗

数据清洗是指发现并纠正数据文件中可以识别的错误，包括检查数据一致性、处理无效值和缺失值等。

企业数据仓库中的数据是面向某一主题的数据集合，这些数据从多个业务系统中抽取而来且包含历史数据，这样就无法避免存在错误数据或数据之间相互冲突，这些错误的或有冲突的数据显然不是我们想要的数据，被称为"脏数据"。"脏数据"主要包括不完整的数据、错误的数据和重复的数据3类。

我们要按照一定的规则把"脏数据""洗掉"，这就是数据清洗。数据清洗的任务是过滤不符合要求的数据，将过滤的结果交给业务主管部门，确认是将数据过滤掉还是由业务单位修正之后再抽取。

这样做也可能会出现一些问题。企业本来收集了很多的数据，但是"清洗"后，把"脏数据"都筛除了，剩余的有价值的数据可能很少。正如前文所述，业务模型的学习构建往往需要以大量的高质量数据为基础，这样自然就对企业收集数据的能力提出了进一步的要求，数据不仅要多，同时也要是高质量的，以此来解决数据清洗过后所剩无几的情况。

★ 数据标注

在数据清洗完之后，就需要进行数据标注。什么是数据标注呢？用AI来举例说明，AI是替代人的部分认知功能，类比机器学习，要教它认识苹果，就需要苹果的图片，上面标注"苹果"两个字，然后机器通过在大量苹果图片中学习苹果的特征之后，就能从很多张图片中挑出苹果的图片。这就是数据标注，是为了方便机器学习进行的。

数据标注往往是为了突出显示某些特征，让模型根据这些特征对数据进行分类，并通过分析其模式来预测新的目标。例如，对于自动驾驶汽车中的计算机视觉，AI专业人员或数据标注者可以使用视频标注工具来指示路牌的位置，并通过标注行人和其他车辆的位置来训练自动驾驶模型。

因此，数据标注是使用数据资产过程中的关键一步。通过标签来分析数字内容，赋予数字价值，可以轻松实现内容分类、调用，进而方便构建数据挖掘或业务优化模型。

　　这对企业的数据标注技术提出了挑战，目前的数据类型不仅包含简单的文本，还包含图片、音频、视频、空间数据等，标注类型也相当复杂，涉及简单的分类标注、标框标注，以及比较精细的区域标注和描点标注。

　　最大限度地发挥数据的价值，对企业在数据标注阶段的技术要求提出了比较严格的要求。面对较为复杂的数据，企业需要对标注者进行较多的培训，包括审核人工标注的质量，或利用人工智能技术辅助进行数据标注等。

　　★ 数据融合

　　数据融合最早应用在军事领域，其出发点是提高复杂干扰环境中智能仪表仪器的测量准确度，从而更加完整、准确、综合地利用来自不同传感器的信息，消除单个传感器所提供的信息不完整、不准确、稳定性差的缺点，以便实施更有效的控制。

　　数据融合的原理是在多个传感器收集目标数据之后，从中提取数据的特征，然后将各个传感器的数据按照同一特征进行分组，最后根据融合算法合成所有传感器的数据，得到关于目标的一致性描述。

　　对应到企业的数字化转型中也是如此，要利用数据推动一项业务的转型升级，就必须精准了解这项业务的全貌，这样才能更好地把握业务升级优化的方向，这时就需要数据融合。实际上，往往要将来自不同时间和空间的数据进行综合处理，从而得到对一项业务更加精确的描述，实现更加准确的指导作用。因此，对于企业而言，如何将不同来源、不同结构的业务数据的互补性和计算机的智能化有效结合起来，利用数据融合为企业提供更高质量的业务信息，是一个值得思考的问题。

　　★ 数据保护

　　虽然数字化转型对企业大有裨益，但企业也应该认识到这个过程中潜在的安全风险（例如，黑客、病毒等威胁）是巨大的。

那么，企业在数字化转型的过程应如何维护网络安全和数据安全呢？企业可以借鉴华为公司的经验。华为公司有一个"安全作战地图"，人们将其形象地总结为"五不两可"："五不"是指攻不进、看不见、看不懂、拿不走、毁不掉；"两可"是指可恢复和可追溯。

● "攻不进"是指黑客无法通过边界入侵进入企业的系统，这里的"边界"是指各种外界应用、邮箱和账号密码等。

● "看不见"是指黑客看不到企业的核心资产，例如，黑客攻击华为公司时，重点是盗取华为公司的5G，但华为公司已经提前对5G做了深度隔离，黑客在系统里看不到任何与5G相关的内容。

● "看不懂"是指利用加密和伪装技术，使黑客即使看到了某项核心数据，也不会认为这项数据是关键数据。

● "拿不走"强调的是企业要能感知到自己的数据资产是否被黑客转移或挪动，一旦出现异常情况，企业要有一套阻隔系统，防止数据被转移。

● "毁不掉"是指针对摧毁等高危操作进行实时告警与阻隔。

● "可恢复"是指一旦企业的数据被破坏，系统可以恢复某一段时间之内的数据。

● "可追溯"是指如果企业的计算机被黑客入侵了，出现了异地登录的情况，企业可以直接通过安全系统远程控制计算机，立即阻断黑客的操作；也可以采取反制措施，这样能掌握黑客是谁、来自哪里、有什么意图等信息。这时黑客对于企业来说就是"可追溯"的，整个追溯过程中企业的核心资产不能丢失、关键系统不能中断。

从上述"五不两可"的保护工作中可以看出，对于数据保护，企业要从各个维度进行网络安全和数据安全保护，这对企业的安全部署和技术部门的安防攻关提出了较高的要求。

◎ 数据决策难

在埃森哲和国家工业信息安全发展研究中心发布的《2021 中国企业数字化转型指数》中，我国只有 7% 的企业认为自己的数字化转型是成功的，它们在数字化基础上建立的新业务发展迅速，收入可佳。7% 的成功率说明绝大多数企业在进行数字化转型的过程中成果不显著。

数字化转型不是一蹴而就的，而是要把着力点放在指导业务运营和决策上，即如何使用数字化带来的大量数据。

企业建立起来的企业资源计划系统、客户关系管理系统等都只是数据的记录系统，无法指导企业开展具体的业务，自然也就不能发挥数据的价值，而这也是很多企业未能真正触及数字化转型的原因。不能指导企业行动的数字化，都是"伪数字化"。

数字化并不等同于信息化。例如，很多年前城市交通管理中心通过一块信息大屏监控了城市里的各个十字路口，由坐在总控室的警察来负责控制红绿灯的时间，这是最早的信息化，只是汇总了各个路口的信息，但没有直接指导市民的出行。而在数字化时代，人们思考的角度就会变为：能不能开发一个系统，使该系统不只服务于交管中心的道路调控，还可以直接应用到现实的导航场景中。这就是数字化时代利用数据进行决策的重要性。

在数字化时代，因为有了对数据价值的挖掘开发，明确了决策方向，所以利用数据进行决策也会变得容易。

开发数字化系统的目的并不只是让企业的 CEO、生产车间的负责人或一些专业人士来使用，而是让企业内部的每个人、上下游供应链上的每个人，甚至是每个客户，都可以使用这个系统。

数字化是一个软硬件设备不断升级的过程。例如，在智慧交通的场景中，数字化先应用到基础的道路交通系统中，然后应用到手机上，而数字化也在这个过程中得到了深化。

可以很明显地看到，在数据挖掘的过程中会涉及更多的人、更多的设备、更多庞杂的业务数据，显然，要用大量的数据构建模型来帮助业务精准决策，这对于企业而言的确是一个很艰巨的挑战。

✿ 1.2.2 企业数字化转型面临的核心管理挑战

◔ 企业数字化转型是一个系统性工程

很多企业认为数字化转型是数字技术在企业中的开发与利用，但事实并非如此，数字化转型是一项长期的系统性工程，涉及系统层面、数据层面、产品层面、组织流程，以及创新文化等的搭建和重塑。

例如，在系统层面，在以往的信息化阶段中，企业可能会因为内部 IT 资源的不足而引进外包设计，而外包设计所开发的系统往往与企业原本的系统采用不同的设计标准，导致不同部门采用的是不同的工作系统，系统不兼容或者无法接收数据等使彼此之间的协作产生问题。因此，在数字化转型的过程中，我们要考虑搭建统一的工作平台、统一的技术接入标准。在数据层面，企业要考虑如何收集全量全连接的数据及如何对数据进行治理来充分发挥数据对业务的指导作用。在产品方面，企业要思考如何将其从数据中获取的信息赋能到产品上，满足人们越来越个性化的需求。由此不难看出，数字化转型不是数字技术的简单应用，而是系统性的变革，涉及方方面面，是系统和生态的重构，是一个从量变到质变的过程。

面对战略层面、文化层面、系统层面、数据层面、产品层面、组织流程等，企业在进行数字化转型时可能不知道先围绕哪个层面展开。

我们的建议是：抓紧主干，理解本质。数字化转型的底层逻辑是数据驱动下的业务和管理的重构与创新，简单来说，其核心就是我们要思考如何通过数据、平台、系统、智能工具发挥数据的价值，赋能企业的业务经营和管理运营。

在明确数字化转型这一系统工程的核心之后，我们也要明白，搭建这个系统工程是一个循序渐进的过程，需要耐心和坚持，做好打持久战的准备。

◷ 企业观念意识转变较难

企业要想有效地执行数字化转型计划，就需要充分调动企业人员。改变员工传统的思维和观念是比较困难的。相关研究报告显示，目前世界上 67% 的企业在数字化转型的过程中制订了文化变革计划。而制订文化变革计划最大的原因是，当前的企业文化已被认定为数字化转型的障碍。一半以上企业转型失败的原因之一是企业原有的观念意识陈旧。

需要调动的企业人员既包括企业管理者，也包含企业员工，因为数字化转型不仅需要管理者的支持，也需要各部门员工的积极配合，然而在实际的过程中，大部分企业普遍陷入不会转、不敢转、不想转的困境。

企业自身的文化和价值观深深植根于企业管理者和员工的心中，因此要想调动企业人员进行数字化转型的积极性，就必须让他们克服心理壁垒，这需要企业从内外两个方面积极寻求破解之法。

◎企业内部能力是否匹配

在企业的管理者和员工克服了心理壁垒之后，要想进行数字化转型，还需要看企业的内部能力是否匹配，也就是说企业是否具有进行数字化转型的资质。

在开展数字化转型之前，首先要看的是企业管理者是否大力支持，因为企业的数字化转型需要企业管理者引领决策。实际上有很多企业管理者并不太理解数字化转型的本质，加上转型工作烦琐细致，费用高昂，并且没有一个标准的模式，他们很难相信进行数字化转型对企业的长期发展是有利的，因此，一些企业管理者不愿意进行数字化转型。

在企业管理者大力支持的情况下，还要看企业的人才资源是否充足。因为人才是数字化转型中的一个关键因素。如今，企业的竞争环境、竞争者、竞争形式变幻莫测，人力资源管理者仍使用以前的方法进行人才匹配，这样选拔出来的人才的适用性并不高，自然无法很好地适应数字化转型的趋势。当然，除了管理人才的选拔，技术人才的储备也需要与企业内部数字化转型的方向相适应。如果技术人才的知识结构不合理，缺乏对云计算、大数据、AI 等新知识的储备和应用经验，则不能很好地将新技术与业务融合。例如，企业要利用 AI 技术进行无人化智慧工厂的改造，但企业的技术人才却集中在大数据分析领域，如此一来，企业在调用这些技术人才进行系统设计或者产品研发时，就存在很大的局限。

另外，梳理企业自身的业务流程也是一个重要方面。以制造业为例，企业需要从产品的原材料采购、研发设计、生产制造、库存管理、销售管理、售后服务等多个环节出发，思考如何将数字技术融入具体的业务流程，以充分发挥数据驱动业务的优势。在梳理业务流程的同时，企业要注意数字化转型升级之后不同部门之间的协作问题，实际上很多企业的部门之间常常是各自为战的状态，这使各个部门的业务处于一种割裂的状态，部门之间没有形成有效的反馈机制，这时也就无法发挥各个部门之间的数据协同优势，以进行整体业务流程的重构与优化。

在上述一切准备就绪之后，还需要看企业资产是否能支持数字化转型。这里的资产包含两个方面，一方面是财务能力是否充足，另一方面是数据资产即生产要素是否充足。

可以看出，数字化转型对于企业内部能力的要求是环环相扣的，从管理者和全体人员的转型意愿到组织文化重塑再到企业转型资质都包含在内，这对于企业而言，是不可避免的重重挑战。

◎如何平衡自建与外包

在数字化转型过程中，不仅需要企业内部进行技术研发来完成数字化转型所需要的各种系统及软件，还需要一些外包战略，原因在于一些企业的人才储备和财力并不足以支持完全自建。

自建的优势在于企业内部的技术人员能够较为容易地了解自身的业务需求，同时因为知晓各个部门的工作特点，从而更容易搭建出适合企业的软件平台。而外包的优势在于，企业可以将一些业务外包给运营该项目的专业的第三方企业，如此一来，企业就可以节省一些试错成本和运营成本。

但外包的缺点也是显而易见的。大部分外包企业不够了解想要进行数字化转型的企业的业务，而负责与外包企业对接的往往是企业的业务管理人员，这些人员对一些技术和开发标准的理解不够深入，只能把宏观上的需求笼统地表述出来，而外包企业的技术人员则更加习惯于用 IT 思维，习惯按照具体的开发标准进行研发设计。由于业务方和技术方的思维模式不同，对同一个业务的需求理解会产生偏差，最后设计出来的系统或平台可能不是企业最初想要的，例如，不能实现数据的统一接入，无法有效指导业务运营等。这也是众多企业会产生"为什么开发出来的东西和我想象的不一样？"的疑问的根本原因。

此外，一旦将数字化转型完全外包出去，企业就形成了对外包企业的依赖，企业业务不断迭代和转型，数字化系统也需要快速响应业务需求，不断进行完善或迭代，而完全外包必然存在被动响应的问题。

那么企业如何平衡自建与外包之间的关系呢？企业可以考虑设置数字化实验室。数字化实验室作为一个既懂业务又懂技术的转接中介，可以实现业务方和技术方的间接连接。业务方可以将生产流程、库存管理、销售管理等不同阶段的各个小环节通过宏观的业务语言传达给数字化实验室，数字化实验室扮演翻译的角色，把业务语言清楚准确地转化为一目了然的技术语言供技术方参考，例如算法语言、数据语言、架构语言。如此一来，原本宏观的业务需求框架就被转化为可以被技术人员实际操作的技术语言，便于达到业务方预期的需求。

当然，很多企业也并不具有建立数字化实验室的条件，因此依然需要寻求自建与外包的平衡关系。

⊙ 数字化转型与绩效之间的关系

企业在克服上述一系列挑战之后，还需要面临转型结果的不确定性。因为数字化是一个趋势，这种趋势不仅意味着最终目标是多样性的，还意味着实现路径和形式的不确定性。

例如，对于数字化转型与创新绩效之间的关系，目前就有学者得出不同的结论。

一部分学者在其研究中以制造业为切入口，得出企业通过数字化转型能够显著促进创新绩效提升的结论。原因在于企业流程数字化与企业的产品设计、供应链条管理及市场营销进行深度融合，会促使企业进一步突破组织的惰性，进而提升企业的创新绩效。

而另一部分学者则认为，数字化转型与企业新产品的开发绩效之间存在"倒 U 形"的关系，即数字化转型会在初始阶段促进企业创新绩效加速提升，直至达到最高水平，而伴随着时间的推移，企业创新绩效会降低，主要是由于在数字化转型开始阶段数字基础设施能够跨越多个系统和设备收集、存储及利用数据，为企业提供必要的网络资源，强化产品供需关系，让企业掌握用户需求信息，从而有针对性地开发产品，提供信息和技术支持。但是，基础设施过度饱和也意味着大量人力、物力和财力投资并不能给区域创新主体带来持续收益，数字基础设施架构建设也需要新形式的平台治理，一味增加数字设施投入会加大企业资源管理的难度，进而影响企业新产品开发的绩效。

不同于以上两种结论，一些外国学者认为企业的数字化转型与企业的创新绩效之间没有明确的相关关系。

由此可以看出，企业进行数字化转型对于其创新绩效的影响是难以预料的，原因可能在于行业背景、企业资质及企业内部政策等的不同。

在探讨关于数字化转型与企业创新绩效之间的作用机制上，学者之间目前没有一个明确的定论，数字化转型与企业绩效之间的关系仍然是未知的。

参考文献

[1] 罗斌元，赵帅恒. 数字化转型对制造企业创新绩效的影响研究 [J]. 创新科技，2022，22(3)：57-68.

[2] 肖仁桥，沈佳佳，钱丽. 数字化水平对企业新产品开发绩效的影响——双元创新能力的中介作用 [J]. 科技进步与对策，2021，38(24)：106-115.

企业数字化转型
核心内涵

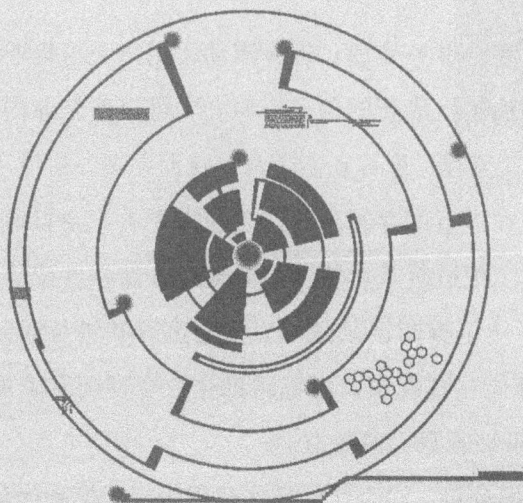

2.1 企业数字化转型的本质

收 益

认知收益

· 数字化与信息化的本质不同，数字化是一种新的企业优化手段

知识收益

· 了解数字化与信息化的区别
· 了解企业对数字化常见的认知误区及常犯错误
· 了解数字化的本质

2.1.1 数字化和信息化

信息化和数字化本是同根，就像树枝的分叉，不管怎么生长都离不开树干——IT体系的支持，同时，信息化和数字化又好像一根藤上的两朵花，即便同根，这两朵花也不相同。

信息化是指将企业的生产过程、事务处理、现金流动、用户交易等业务过程，通过各种信息系统和网络加工生成新的信息资源。它可以使企业内各部门的人员清楚地了解业务情况、流程进度等动态信息，从而缩短办事流程，方便人员做出最优决策。例如，在进行库存管理时，之前需要员工亲自清点库存并记录在账本上，而现在员工把进货及卖货的记录通过开发软件或平台的形式迁移到线上，只需要在系统里查阅记录就可以知道库存和进货时间，这些流程以动态信息的形式被存储在系统里，可以帮助企业合理配置资源，增强企业的应变能力，从而让企业获得最大的效益。

数字化是基于大量的运营数据分析，对企业的运作逻辑进行建模和优化，然后反过来再指导企业的日常运行。这实际上是一个"机器学习"的过程，具体而言，就是数据系统反复学习企业的数据和运营模式，然后变得更专业和更

了解企业，并指导企业的运营。例如，在用户画像时，企业通过分析用户浏览痕迹和订单记录，对用户的喜好进行精准速写，进而帮助企业掌握用户的消费习惯，进行更加合理的推荐，以此来指导平台的销售模式不断完善。

因此，信息化是从"业务到数据"，而数字化是从"数据到业务"。信息化主要是"记录你做了什么"，而数字化则是"告诉你怎么做"，这是业务逻辑上的优化。再具体一点，信息化注重的是各环节业务的结果与管控，实现方式是我们把各项业务结果的数据存储在信息系统里，通过这些信息对业务流程进行把控；而数字化则强调企业运营模式的转变，如今云计算、大数据、AI、物联网、区块链等技术的发展，使业务流程更注重用户，就像用户画像一样，海量数据和智能分析能够为企业提供更具前瞻性的决策支持，从而更加精准地满足用户的个性化需求。

信息化和数字化的区别见表 2-1。

表 2-1　信息化和数字化的区别

对比项	信息化	数字化
应用范围	单个系统或业务，局部优化	全域系统或流程，整体优化
连接	缺少连接和打通，效率低、响应慢	全连接和全打通，效率高、响应快
数据	数据孤立分散，没有真正发挥价值	数据整合集中，深入挖掘数据资产的价值
思维	管理思维	用户导向思维
战略	竞争战略	共赢战略

从应用范围的角度来看，信息化主要是单个部门的应用，很少有跨部门的整合与集成。例如，货运部门的库存系统和人事部门的员工信息系统，两者的应用范围都局限于单个部门的信息管理，其价值主要体现在信息管理的效率提升方面。而数字化则是在企业整个业务流程中进行数字化的打通，破除"部门墙""数据墙"，实现跨部门数据互联。例如，在"双 11"期间，财务部门的盈利数据可以传递到销售部门，为销售部门确定热门商品、制定销售策略提供参考，销售部门确定的商品清单信息可以进一步传递到进货部门，

方便进货部门有针对性地备货，这样就实现了一个整体流程的优化。

从数据的角度来看，以往的信息化也有很多数据，但数据都分散在不同的系统里，没有被打通，也没有真正发挥价值。而数字化是真正把数据看作一种"资产"，并进行深入挖掘。例如，阿里云发现淘宝、天猫、1688都需要自己开发数据库，致使数据分散化，产生"数据孤岛"，这时，阿里云搭建了一个平台，把所有的数据集中整合起来进行分析，该平台还可以向其他企业提供服务，这就是信息化与数字化在数据利用上的区别。

从连接的角度来看，信息化只存在于企业自身，而数字化会连接企业内外部。数字化在重构自身的商业模式和运营模式的过程中纳入了用户和供应商。例如，对于"叮咚买菜"App，用户在软件上下单购买商品，配货人员接到订单后开始配货，将商品交给骑手送至指定地点。一方面，软件后台会收集用户的购买数据，推荐用户可能喜欢的产品，增加购买量；另一方面，软件后台会把用户购买的菜品需求反馈给上游农业企业，连接整条产业链。

从思维的角度来看，企业信息化从构建之初所体现出来的就是一种管理思维。例如，无论是员工个人信息的管理，还是财务信息的管理，都是从企业如何管理自身信息的角度出发，希望准确高效地管理信息，这也是信息化管理的目标——管好、管严格，这导致当时的信息化系统设计的思路并没有过多地考虑用户的便利性。而数字化的核心则是提高用户体验和经营效率，具体而言就是以用户的需求为导向来解决问题，例如，用户觉得购物平台的推荐不合他的心意，企业就要站在用户的视角去思考如何优化算法使推荐更加合理，而不仅仅是站在企业自身的管理角度去思考问题。

从战略的角度来看，信息化时代的企业竞争，要充分权衡企业优势来赢得发展机遇。例如，在医疗器械行业中，一家企业擅长制造，另一家企业擅长口碑营销，在这样的优势比较中一定会有输赢，这是一种优势竞争战略，是一场零和博弈。而在数字化时代，人们的需求越来越综合化，企业仅靠自身的优势越来越难以满足各种需求，这时企业之间就需要通过合作共赢，创造更大的用户价值，获取更广阔的生长空间。

从上述角度不难了解数字化和信息化之间的差异，这也正说明数字化不是对企业以往信息化的推倒重来，而是依靠新技术赋能管理和业务，对内优化提升企业的管理和运营水平，对外尝试建立新的业务模式。

⚙ 2.1.2　数字化转型的认知误区及常犯错误

对于众多企业来说，数字化转型是一个"法宝"，然而对于怎么使用这个"法宝"，大多数企业都是摸着石头过河。数字化转型本身是一个极其复杂的系统工程，很多企业在数字化转型的过程中因为认知不到位而遇到各种问题，甚至犯各种错误，有些错误的代价非常大，企业要尽量避免这些错误。

🕒 误区一：数字化转型是由技术驱动的

许多企业认为数字化转型是由技术驱动的，但事实上并非如此。无论是工业时代还是信息化时代，变革和发展都是由大量社会需求驱动的，这些需求揭示了商业的本质是理解用户。企业若要理解用户，就需要基于数据洞察用户需求，为用户提供个性化的产品服务。那么企业如何洞察用户需求呢？企业需要将数据应用于研发、生产和营销等各个环节，依赖数据分析进行智能决策，这也是数字化转型的实质。

🕒 误区二：数字化转型是商业模式的重构

有的企业认为数字化转型是战略问题，就是要思考怎样重构商业模式，这种观点是片面的。商业模式的重构只是数字化转型的途径之一，例如，滴滴打车并没有自己购车，也没有自己招聘司机，而是让私家车车主加入滴滴打车成为其司机，滴滴打车为司机提供乘客订单。滴滴打车前期的盈利模式主要以乘客付费抽成和信息费为主，后期建立了积分商城，搭建了属于自己的生态圈，这是商业模式的重构。

除了可以从战略视角出发，企业还可以通过提升效率和用户体验实现数字化转型。例如，银行开发线上 App，其所办理的主要业务仍然是存款、取款和投资，但用户不必再一次次跑腿办理业务，提升了效率，方便了用户。另外，现在银行的 App 开启了生活缴费、金融助手等板块，虽然对整体商业模式没有产生大的影响，但是为用户提供了良好的体验，这也是数字化转型的一种方式。

因此，数字化转型并不仅是商业模式的重构，还涉及效率的提升和用户体验的优化等。

⏲ 误区三：目前企业盈利好就不需要进行转型

一些企业认为目前企业效益很好，可以一直处于行业领先的地位，不需要花费时间和精力进行数字化转型。然而，数字化转型是一个周期较长的系统工程，它正在不断向各个行业渗透，那些变革较慢的企业将在激烈的市场竞争中逐渐处于劣势。数字化转型是大势所趋，企业及各类机构均应提前布局谋划。

⏲ 误区四：数字化转型是行业领先企业的事情

不少人认为数字化转型是行业领先企业的事情，只有这些企业做才会有成效。我们在理解数字化对企业的影响之后不难想象，小微企业在面对数字化浪潮时，如果没有积极部署并实施转型战略，在未来很可能落后于竞争对手，甚至退出市场竞争。

⏲ 误区五：行业领先企业无须进行数字化转型

在一些处于行业领先地位的企业眼中，数字化转型并不是它们发展的必经之路。很多大型企业仍采用传统、落后的生产经营模式，虽然这些企业具有一些传统的资源优势，但是这种优势是有限的，因为数据已成为数字经济时代最核心的生产要素，虽然目前领先企业可以暂时保持行业的领先地位，但从长远来看，由于数据资源得不到有效的应用，其最终将丧失原有的传统资源优势。

⊙ 问题一：缺乏顶层设计，导致盲目建设

如今很多企业已经看到了数字化转型所带来的好处，从而迫不及待地想要立刻实施数字化转型，但是其常常忽略了很重要的一点，即顶层设计。顶层设计是总体规划的一张蓝图，是对整个企业的建设规划方向进行大体描绘的指导。

企业在进行数字化转型的过程中，如果缺少顶层设计，则很难对具体的业务赋能，因为顶层设计是企业数字化转型的行动纲领，没有行动纲领而盲目地实施数字化转型，无异于"无头苍蝇乱撞"，最后可能出现技术部门投入了大量资金去建设数字化系统或者工具，但是这些系统或工具却是割裂的，不能组成体系，难以发挥作用。因此，顶层设计是极其重要的。

⊙ 问题二：数字化转型方案不够扎实，导致各部门互相推脱

数字化转型因为涉及企业的各个层面，所以需要不同部门的人员协同配合，配合的过程中难免会出现一些失误，其中较为常见的一种失误是转型负责人对各个部门的工作把控不及时，导致各个部门相互指责、推脱责任。

在分析数字化转型失败的原因时，有的部门认为是企业的组织结构混乱，有的部门认为是数据质量差，还有的部门认为是应用开发有漏洞，各种条件还不够成熟。总之，他们都将数字化转型失败的原因归结为在转型过程中出现的各种问题。这时，企业需要一个有丰富经验的合作伙伴做指引，告诉企业在什么时候可能会遇到什么问题，以及如何解决这些问题，确保企业最终达成

一个理想的转型效果。

⏱ 问题三：技术部门角色定位模糊

技术部门角色定位模糊是转型过程中比较常见的问题。很多企业配置的IT人员并不少，但是职责、分工比较模糊，人力资源没有被高效地利用起来，造成人力浪费。

⏱ 问题四：投入目标失衡，业务价值缺失

在数字化转型的过程中，很多企业过于重视技术对数字化转型的影响，致力于投入大量资金去组建一个强大的技术团队来开发企业的各种 IT 平台，但是这样无法直接产生业务价值。

一是因为 IT 与数字技术（Digital Technology，DT）投入失衡。一味搭建平台就好像一直在建豪华仓库，里面存放了丰富的食材（即数据），但是却没有人把这些食材做成美食，去发挥它应有的价值，这表明企业对数字化转型的投入更倾向于 IT 方面，而不是数据分析方面，显然无法达到数据驱动业务的目的。二是企业由于人才缺失，让 IT 人员做 DT 相关的事情。IT 人员擅长根据需求写代码，而 DT 人员更擅长用数据驱动业务，如果让 IT 人员执行 DT 的任务，很容易出现错误。

⚙ 2.1.3 数字化转型到底是什么

华为公司在 2016 年正式启动数字化转型战略，目标是"自己的降落伞自己先跳"。通俗地讲，就是华为公司要想赋能整个行业的数字化转型，首先要把自身的数字化模式做成整个行业的"领头羊"。

华为公司首先划分了数字化转型的目标，对内提升运营效率，对外提升用户体验。

在对内提升运营效率方面，华为公司致力于构建一个统一的数据底座，在这个底座上接收研发、营销、供应、交付等一系列流程的数据。通过这个底座，每个部门的业务数据都可以流向其他部门，提升业务效率。例如，华为手机销售部的销售数据可以给予研发部门一些研发方向的思考，帮助研发部门提升业务效率，创造更大的价值。

在对外提升体验方面，华为公司的 IT 部门对外首先定义了要服务的对象，围绕 5 类对象（用户、消费者、合作伙伴、供应商、员工）提升满意度。针对不同的对象采取不同的数字化服务措施，对症下药。例如，对于经常出差的用户，使用在线营销的方式减少用户跑腿的麻烦；对于供应商，使用实时物流来进行协作与管控。

华为公司在本公司进行数字化转型及帮助各行业企业进行数字化转型的实践中，指出了数字化转型的主要内容。

第一，转意识。企业通常认为数字化转型是一个技术工程，但实际上一定要理解数字化转型的业务逻辑及业务痛点，应从业务出发，而不是从技术出发。业务是核心，技术是工具。

第二，转组织。数字化转型一定会触及流程和组织的变动，如何让 DT 团队和 IT 团队高效融合，如何让技术团队与业务团队有效协同，如何让前台、中台、后台相互赋能，都是企业在数字化转型过程中需要思考的问题。企业流程再造、组织机构变革、激励制度等的再设计，都是非常必要的。

第三，转文化。数字化转型需要各个部门团结一致、协同作战，促进传统文化向开放、共享、协同、科学的数据驱动运营的数字文化转变。

第四，转方法。数字化转型不根据企业的实际情况进行科学的顶层设计是行不通的，没有系统科学的数字化转型方法及落地步骤，数字化转型很容易失败。

第五，转模式。因为商业模式的重构涉及的模块很多，所以企业要在已有系统的基础上，充分利用 IT 资产，形成一个立而不破的商业模式架构，具体做法因行业而异，但都离不开一个基础原则——数据指导业务。

综上所述，数字化转型在本质上是从"数据"到"业务"，充分发挥数据的价值，推动企业业务的变革。

2.2　企业数字化转型的核心技术

⚙ 2.2.1　5G

收　益

认知收益
- 4G改变生活，5G改变社会
- 5G促进消费互联网向行业互联网转变

知识收益
- 了解5G的三大应用场景
- 了解5G中新型网络架构所运用的网络切片技术
- 了解"5G+工业互联网"十大典型应用场景与五大行业应用

⊙ 5G 的突破

◎ 3G 改变了什么

1G 使用的是模拟通信技术，只能打电话，不能上网；2G 可以打电话，可以低速上网（例如手机 QQ）；而 3G 不仅可以打电话，还可以用更快的速率上网，微信就是在 3G 时代出现的。

从技术层面看，3G 与 2G 的主要区别是传输声音和数据的速率，3G 能够在全球范围内更好地实现无线漫游，并处理图像、音乐、视频流等多种媒体形式，提供网页浏览、电话会议等多种信息服务。

事实上，3G 带给我们的改变不仅仅是传输速率提升所带来的网络体验的改善，更重要的是传统电信业开启了"网业分离"这一划时代的模式变革，并在此基础上为消费互联网的发展提供了极大的助力。

传统电信业一个很大的特点是网业一体，即网络和业务的提供者都是同一个提供商，这样的情况在特定的时期有其优势，即安全性高，服务质量可以得到保证，但是容易形成垄断，阻碍业务创新。

而网业分离简单来说就是将基础网络独立出来，由国家行政部门或社会组织统一建设、管理、经营，但是业务层要向社会开放，实行自由竞争。

与网络和业务都由电信运营商一家管理相比，网业分离这种模式能够更好地满足如今人们碎片化、多元化、丰富化、个性化、娱乐化的需求。

在这种情境下，过顶传球（Over The Top，OTT）模式应运而生，OTT 是在网业分离的环境下所诞生的新型服务模式，即第三方企业利用电信运营商的网络提供服务，例如，微信、美团、爱奇艺等各种 App。

OTT 运营模式最大的特点是开放性，一些原来由基础电信运营商、增值电信运营商提供的业务现在开始由各种各样的第三方企业提供，这对原有的电信行业商业模式产生了重大的影响，促进了新型业务的产生，也促进了消费互联网的繁荣。

（重点）

· 传统电信运营商网业一体的运营模式容易形成垄断，阻碍业务创新。

· 网业分离模式是指将基础网络独立出来，而将提供的服务向社会开放，可以由第三方开发运营，这促进了消费互联网的繁荣。

· 网业分离的出现使 3G 网络在其产业价值链的环节增多，除了网络运营商，业务提供商、内容提供商也开始在其中发挥作用，诞生了更多的商业形态。

可以说，从 3G 开始，网络业务不再仅仅局限于通信行业。

◎ 4G 改变了什么

从 3G 到 4G 最大的改变在于带宽的提升。与 3G 带来的网业分离推动消费互联网的发展相比，4G 在此基础上更进一步，4G 在一定程度上改变了人们的生活方式。

在网速上，4G 相较于 3G，能以 100Mbit/s 的速率下载，以 20Mbit/s 的速率上传。4G 网络速率大致比 3G 快 10 倍，4G 能够传输高质量的视频和图像，清晰度方面也更进一步。这意味着高清视频时代的到来。

在 4G 之前，人们从未想过短视频会如此火爆，甚至发挥出超越年龄限制的影响力。例如，现在的老人在茶余饭后开始用智能手机刷视频，因为视频里各种各样的奇闻轶事经常让老人笑得合不拢嘴。

4G 促使短视频这种流媒体和自媒体形式融入人们的生活，每个人都可以通过手机拍摄短视频，分享生活。

如果说短视频是 4G 的"开胃菜"，那么移动直播对于大众或整个社会而言，无疑是一场饕餮盛宴。例如，神舟十六号载人飞船的发射直播画面，让我们看到喷射的火焰，听到发射的轰鸣，给予千里之外的我们身临其境般的参与感。

具体到个人，直播带给人们的影响也不容小觑。以直播带货为例，其可谓是掀起 4G 时代新的经济浪潮，深刻影响了大众的消费理念。当然，4G 时代的直播不仅仅局限于带货，萌宠、旅游等都可以成为直播的内容。

短视频的价值在 4G 时代得到了充分的发挥，并且由此开启了一个全民直播的时代。可以说，"无直播，不传播"，4G 让我们从短视频中看见不一样的世界。

除了高清视频，4G 时代更明显的特点是网业分离进一步加深，第三方网络服务更加丰富，差异化明显，便捷性更高，个性化更强。

重点

·4G 能够传输高质量的视频和图像，使人们之间的交流不再局限于文本和语音，还能从高清视频中窥探世界。

·4G 是一个全民直播的时代。

◎ 5G 的新突破

不同于 3G 和 4G，5G 的重点并非仅仅在于网速的爆炸式增长，还在于其开启了消费互联网向产业互联网的转型。

5G 的数据传输速率比 4G 提升了不止 10 倍，基于网速的提升，超高清视频传输和虚拟现实的应用逐渐融入社会。

5G 时代催生的产业互联网主要面向企业的生产、经营、销售等环节。5G 面向不同的行业应用场景，创造一个万物互联的时代。

不仅如此，相较于 3G 和 4G，5G 还具有高速率、广连接、低时延的特点，这为对时延和可靠性具有极高指标要求的工业行业提供了技术动力。

5G 的三大应用场景

◎ 增强型移动宽带

增强型移动宽带是以人为中心的应用场景，集中表现为超高的传输数据速率、广覆盖下的移动性保证等。

该场景可以进一步细分为两个场景——广域连续覆盖和高容量热点。前者的特点体现在网络覆盖范围的广度上，以保障用户的移动性和业务连续性为目标，为用户提供随时随地的高速业务体验。在 5G 网络下，我们可以轻松观看在线 2K/4K 视频，峰值速率可以达到 10Gbit/s。后者则体现在网络质量上，在诸如赛场或音乐会等大型集会场景中，为用户提供极高的数据传输速率，满足极高的流量密度需求。

例如，2022 年北京冬奥会是运用 5G 打造的世界上首个 5G 奥运会，给观众带来了不同的体验。首先是提供多视角、360° 慢动作、运动追踪等服务的智慧观赛。观众以往观看大型体育赛事直播时，往往只能看电视转播提供的固定画面，受限于单一的视角，无法得知很多赛场内的细节。而此次冬奥会所提供的 5G 智慧观赛服务，能够使观众自由地选择自己想要的观看视角，获取更多的场内信息。其次，有了丰富的观赛视角和观赏体验，自然也要有能够与之匹配的清晰度。利用 5G 网络的大带宽高网速，中国联通提供了 4K、8K 超高清视频直播，精彩呈现美轮美奂的雪景，如实记录各位运动员的激烈角逐，提供沉浸式和交互式 360° 画面，使观众足不出户就能获得身临其境的观赛体验。

当然，5G 的高速传输速率用于超高清直播只是其应用的一个方面，虚拟现实（Virtual Reality，VR）/ 增强现实（Augmented Reality，AR）同样是 5G 大带宽场景的典型应用。5G 毫秒级别的时延会减轻使用者佩戴 VR/AR 眼镜时的眩晕感，提升使用者的体验，众人期待的 VR/AR 应用也将在 5G 条件下更加贴近消费者的预想。例如，VR 旅游让人们足不出户就能游遍千山万水，这一应用因为 5G 而得以实现。海南工业和信息化厅举办的 5G 试点展示活动中就展示了 5G 应用下的"智慧旅游系统"，让"诗与远方"的畅想接近现实。

可以说，5G 的大带宽不仅提升了我们的上网体验，开启了超高清视频的时代，也让 VR/AR 走进现实。

◎大连接物联网

大连接物联网是指 5G 强大的连接能力可以快速促进各个垂直行业（智慧城市、智能家居、环境监测等）的深度融合。

也就是说，在 5G 的支持下，我们日常所能接触到的设备都可以接入网络。万物互联是 5G 与 4G 最大的不同。从数据上来说，5G 每平方千米可连接 100 万台设备，是目前 4G 移动网络接入设备数量的近百倍。5G 为形成真正意义上的万物互联提供了可靠的技术支持。

以智慧农业生态系统为例。对于传统大规模种植而言，大量的人力投入、工作效率低下、过多的资源浪费及不可避免的人为误差已经成为其弊端。为了降低能耗、科学种植，实现系统化、规模化、精细化的管理，需要建立一个生产与管理的快速信息通道。

设想一下，在田地中布置将近上万个传感器，这些传感器分工实时采集农业生产过程中的温度、湿度、土壤水分、土壤肥力等基础数据，还需要连接云端服务器实时传输数据及调用众多的控制设备，4G 在面对如此庞大的连接密度时会应接不暇，而在 5G 海量连接的支持下，这一场景可以轻松实现。5G 不仅能够支持百万设备在线，管理千亿条数据，实现"传感设备—云端—人—服务"之间真正的互通，还能够保证连接终端的超低功耗，提升效率，降低成本。

◎超可靠低时延通信

5G 超可靠低时延的特点可应用于一些需要即时响应、准确响应的场景。这类应用对时延和可靠性具有极高的指标要求，需要为用户提供毫秒级的端到端时延和接近 100% 的业务可靠性。从目前的发展趋势来看，该场景主要面向车联网、工业控制等垂直行业的特殊应用需求，其中车联网市场潜力巨大，预计 5G 时代该市场规模会达到 6000 亿美元。

以车联网为例，传统汽车市场之所以迎来变革，是因为汽车接入 5G 的作用已经超越了传统的娱乐和辅助功能，4G 时代的汽车联网实现了在线听音乐、实时导航和辅助倒车等功能。而在 5G 时代，驱动汽车变革的则是自动驾驶、编队行驶、环境感知等需要安全可靠、实时响应的技术。例如，对于自动驾驶，5G 可以达到 10ms 以内的时延，这意味着自动控制系统的刹车时间几乎与人的刹车时间相同，保证了转向、加速等实时控制信号，大大提高了安全性。另外，5G 可以实现在基站边缘进行计算，简单来说，自动驾驶数据可以在最近的汽车网络上被处理，而不用上传到更远的机房，大大缩短了自动驾驶的反应时间。与此同时，依靠 5G 超可靠低时延的特点，车辆能够及时感知周围道路的环境变化，从而依据反馈信息准确地自动控制及规划行驶路线，这些手段都将大大降低重大交通事故的发生概率。

重点

· 增强型移动宽带是以人为中心的应用场景，集中表现为超高的传输数据速率，广覆盖下的移动性保证，目前主要应用于超高清视频和 VR/AR。

· 大连接物联网是指 5G 庞大的连接能力支持海量设备同时接入，促使物联网的进程再一次加快，万物互联终将成为现实。

· 超可靠低时延通信主要面向车联网、工业控制等垂直行业的特殊应用需求，这类应用对时延和可靠性具有极高的要求。

三大应用场景的技术支撑——网络切片技术

5G 时代，通信产品的服务对象是不同行业的不同企业，企业间千差万别，自然对通信产品的诉求也不同，5G 为什么可以做到满足不同行业、不同企业、不同场景的个性化定制化需求呢？答案就是 5G 时代衍生了新型网络架构——网络切片。

网络切片是实现固定产品向模块化拼搭转变的桥梁。

例如，智能家居、智能电网、智能农业和智能抄表等场景需要大量的额外网络连接，还需要频繁传输小型数据包；自动驾驶和工业控制要求毫秒级时延和接近 100% 的可靠性；娱乐信息服务更侧重于高质量的移动宽带连接。不同的应用场景对网络有着不同的需求，如果我们为每个场景都构建一个专属网络，那么对资源的占用量及网络结构的复杂程度将无法想象。网络切片的本质是在一张网上根据用户对网络的个性化定制需求进行网络切分。

再如，将一个基础的物理网络看作一个大木箱，而网络切片将这个木箱划分为不同的独立抽屉，每个抽屉都是一个逻辑独立的虚拟子网络，具备网络需要的设备、接入网、传输网和核心网，以保证任何一个子网络发生故障时不会影响其他子网络，保证安全性。与此同时，这些子网络装载组合了不同的特性，以满足个性化的用网需求。通过网络切片，电信运营商能够在一个通用的物理平台上构建多个专用的、虚拟化的、互相隔离的逻辑网络，满足不同用户对网络能力的不同要求。我们把这种通过虚拟化技术来承担很多功能的软件处理叫作网络功能虚拟化（Network Functions Virtualization，NFV），由于这种灵活性源自软件的控制，而不是物理资源的腾挪，因此又被称为软件定义网络（Software Defined Network，SDN）。

重点

·5G 网络切片技术是一种新型网络架构，可以在一个共享的网络基础设施（例如，通信基站、小基站等）上切分出多个子网络。

·每个子网络都是独立的，都具备网络需要的设备、接入网、传输网和核心网。在逻辑上，每个切片的子网络可以专属用于某一类应用或满足特定用户的专网专用需求。

·网络切片的本质是满足用户对网络的个性化定制需求——快速、灵活、按需和智能。

🕐 5G 的典型应用

5G 牌照发放后，经过几年的探索，5G 在工业互联网领域的应用较多，本节着重讲解"5G+工业互联网"的十大典型场景和五大行业应用。

◎ "5G+工业互联网"的十大典型场景

目前，5G协同工业互联网在现实中的应用场景，几乎覆盖从产品设计、制造到质检的全部流程。"5G+工业互联网"的十大典型场景如图2-1所示。

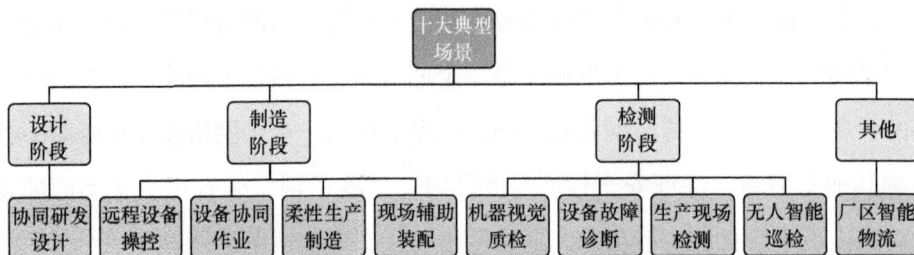

图2-1 "5G+工业互联网"的十大典型场景

★ 场景一：协同研发设计

协同研发设计涉及两个情境。一是远程研发实验。远程研发实验打破了时间和空间的限制，专家在5G条件下可以依靠现场的超高清实时画面和数据，远程在线协同完成实验，解决问题。二是异地协同设计。其依赖5G来实现跨地合作，但在技术手段上有所不同。例如，在组装汽车时可能需要不同的技术人员指导，但是由于不同的技术人员分别在不同的地方，无法实现现场合作，那么就可以让处于不同地方的技术人员利用各种虚拟现实终端（例如VR眼镜等），接入沉浸式的虚拟环境，清晰地看到当前汽车组件的面貌及组装进度，实现异地协同工作。

★ 场景二：远程设备操控

远程设备操控即控制室内的技术人员通过计算机进行远程操控，在5G条件下，现场能够传回超高清的实时视频画面及各类信息，操控人员能够凭借这些有效信息，实时远程精准操控各类组件。远程设备操控可在智慧矿山场景下辅助远程操控起重机或控制机械臂进行精准切割等。

★ 场景三：设备协同作业

设备协同作业这一场景侧重于"协同"。以 5G 智慧建筑为例，施工现场通常有挖掘机、起重机、拉货卡车等各种各样的车辆，一般情况下，这些车辆都是各自独立作业的，它们不了解彼此的工作进度，导致协同性不高、工作效率低下，而在 5G 设备的协同下，所有的车辆全部接入生产网络，实时上传各自的施工进度，根据云端的信息反馈进行车辆的调度和施工区域安排，这时生产现场的多台车辆按需灵活组成一个协同工作体系，实现多个设备的协同调度及分工合作。

★ 场景四：柔性生产制造

众所周知，只有品种单一、批量大、设备专用、效率高才能形成规模经济效益；反之，多品种、小批量生产在生产形式相似的情况下频繁调整工具夹，会增大工艺稳定难度，影响生产效率。因此，为了提高生产效率，在保证质量的前提下，缩短生产周期，降低生产成本，柔性自动化生产应运而生。与 4G 相比，5G 具备超可靠低时延的特征，大大提高了生产效率。

以三一重工的"18 号厂房"为例。首先，厂房的整个柔性制造生产系统收集整合了大量的信息，包括用户需求、产品信息、设备信息及生产计划。其次，依托"5G+工业互联网"将这些大数据连接起来并通过三一重工的制造执行系统进行处理，对数控机床等一系列生产设备完成无线化改造，与频繁调整工具夹相比，这样做大大降低了烦琐程度，最优分配各种制造资源，同时生产满足各种用户需求的产品。

三一重工目前拥有 8 条装配线，可以实现 69 种产品的混装柔性生产，并将此拓展到其他事业部，实现其他事业部的柔性制造。在一间约 10 万平方米的车间，每条生产线可以同时混装 30 多种不同型号的机械设备，所有生产线全部投入工作时能创造出 300 亿元的产值，足以看出 5G 柔性生产制造的潜力。

★ 场景五：现场辅助装配

现场辅助装配主要应用于一些使用精密仪器的制造场景，例如飞机部件的装配。

通常情况下，装配之前要先观看操作视频或阅读操作手册，这样不但浪费时间，还容易出错。利用 5G，装配人员只需要戴上 AR 眼镜，就可以获取现场的图像、视频、声音等数据，并通过 5G 网络实时传输至现场辅助装配系统，该系统分析处理完数据后，会生成生产辅助信息，通过 5G 网络下发到现场终端，并将虚拟画面与真实场景叠加，实现装配环节的可视化。这时，装配人员只需要按照指导画面操作，就可以轻松完成装配，有效提升了装配效率。

★ 场景六：机器视觉质检

质检是产品从制造完成到出厂的关键一步。产品的外观缺陷是工业质检的主要范畴，包括表面装配缺陷（漏装、混料、错配等）、表面印刷缺陷（多印、漏印、重印等）及表面形状缺陷（崩边、凸起、凹坑、划伤、裂纹等）。传统的人工质检很大程度上依赖于质检员的业务水平和工作经验，判断标准不统一。而在 5G 条件下的机器视觉比人眼具有更高的精确度，甚至可以观测微米级的目标。例如，手机使用的电子芯片在电路上的连接排布是十分精密的，对精度有很高的要求，在投入使用前需要经过严格的质检，而依赖人眼难免会产生误差。5G 的质检终端根据边端、云端算法对各个组件的超高清图像进行识别与分析，实现产品缺陷的实时检测、自动分拣。另外，机器视觉质检不仅实现了实时检测，提升了抽检率，通过云端保存的数据还可以实现质量溯源。

★ 场景七：设备故障诊断

制造业是以一个个零部件组装为主要工序的工业领域，机械加工设备的结构及其技术复杂程度较高，因此设备维修难度较大。

以钢铁制造行业为例，有些机器的工作流程是人看不见、摸不到的，当工作出现问题后，维修人员很难排查出故障出现在哪道流程，5G 网络下的设备故障诊断技术解决了这个问题。相关系统会收集相似设备的全生命周期检测数据，并结合现行运行状况预知设备的运行状态，还可以通过设置高清摄像头实时监测设备的运行状态，分析设备是否有状态异常的情况，提前 1 ～ 3 个月告警，降低设备异常的维修损失，提升维修效率。

★ **场景八：生产现场检测**

因为生产过程涉及一系列流程，所以需进行生产现场检测。例如，在生产某些危险化工品时，通常会涉及原材料的初始加工、灭菌、处理、装瓶等流程，如此多的危险物品很容易产生安全隐患，这时就可以利用 5G 支持的智能监测系统进行无死角的图像采集，实施监控，处理云端分析现场返回的生产环境画面，大大降低安全事故的发生概率。

★ **场景九：无人智能巡检**

无人智能巡检是利用智能巡检机器人或无人机等移动巡检设备代替传统人工巡检。在化工厂、石化厂站、燃气站、焦化厂等危险作业场所进行人工巡检和事故排查是存在安全隐患的，而利用巡检机器人或者无人机进行巡检则能很好地避免安全隐患。在难以进入勘察的地带或高空，微型机器人或高空无人机能够很好地弥补人类视角的不足。例如，由中信重工研发的防爆轮式巡检机器人可以深入危险场所勘探，实现高效灵活、更大范围的巡检。

★ **场景十：厂区智能物流**

厂区智能物流即通过 5G 网络进行运输设备的智能调度，从而实现物流配送车的最优利用，同时提高货物配送的准确性和安全性。

例如，奥迪公司采用 5G 局域网控制工业机器人及自动导引车（Automated Guided Vehicle，AGV），在一些需要管理大量设备的关键工序中，通过 5G 提供与有线网络同等的性能，打造高稳定性、超低时延的智能物流调度系统。结合 AI 视觉识别和实时回传技术可以实现实时路径规划，不需要提前设置，真正实现搬运机器人自由穿梭。另外，借助 5G 和边缘计算，工业机器人可以实现精准定位和实时精准操控技术，完成货物的自动装卸。与传统运输相比，智能物流的管理成本降低了 90%，效率提高了 30%，错误率降低了 95%，事故率降低了 98%。

◎ "5G+工业互联网"的五大行业应用

当前 5G 与工业互联网的联合应用主要集中于以下 5 个重点行业。"5G+工业互联网"的五大行业应用如图 2-2 所示。

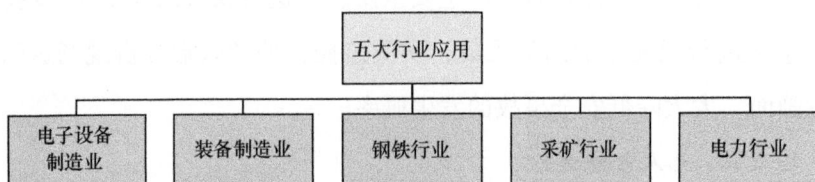

图 2-2 "5G+工业互联网"的五大行业应用

★ 电子设备制造业

在智能手机行业，以华为手机为例，华为手机采用了柔性生产制造工艺，从华为 mate20 到华为 mate30，整个手机生产线中所用到的贴片机、回流炉、点胶机都通过 5G 网络连接实现了无线连接，从而在生产形式相似的情况下避免了频繁调整工具的问题，使每次生产线调整的时间从 2 周缩短为 2 天。不仅如此，柔性制造能够使一条生产线同时生产不同类型的产品，能够根据实际生产的需要，合理安排设备的调用，从而降低劳动力成本，减少库存，严控产品质量，快速响应用户的差异化需求，进而实现智能化制造、个性化定制。

★ 装备制造业

装备制造业和电子设备制造业虽然都属于制造业，但是装备制造业具有产品结构高度复杂、体型偏大、生产安全标准严格等一系列特点。

以中国商飞为例，5G 带给民用飞机的帮助是毋庸置疑的。首先，飞机的图纸设计因为涉及的结构庞大繁杂，往往需要多个工程师和专家协同，一个关键的技术攻克往往需要多个研究所进行跨地合作，在这个阶段，协同研发设计的优势体现出来。中国商飞目前通过 5G 网络让专家进行远程协同设计和改装，使研发试验成本压缩 30%，设计周期缩短 20%，充分提高了研发效率，破除了地域隔阂带来的信息壁垒。与此同时，对于飞机组件的装配过程而言，5G + AR 辅助装配的方式解决了传统人工作业效率低、易出错等问题，使装配效率显著提高 30%。

由此可见，5G 向成品件、结构件等装备制造业提供的协同设计及装配辅助等服务，能够有效提升精密装配加工的能力。

★ 钢铁行业

钢铁行业具有生产流程长、生产工艺复杂等特点，包括铁前、炼钢、铸钢、轧钢、仓储、物流等一系列环节。

以华菱湘钢为例，以往的钢铁运输工作都是由人工指挥并进行现场操作的，而现在借助 5G 网络，操作人员可以结合实时回传的高清视频，在远程操控室实时操控一台或多台天车作业，大大提高了作业效率。在炼钢阶段，操作人员可以通过加渣机器臂远程操控锅炉工作，从而降低了工人在高温锅炉旁作业的风险，这既改善了工作环境，又保障了人员安全。在质检阶段，5G + AI 视觉的钢带表面实时智能检测方式，可使钢带常规缺陷检出率达 95% 以上，在线综合缺陷分类率超过 90%，极大地降低了漏检率，提升了产品质量。

对于钢铁行业而言，5G 带来的远程设备操控及机器视觉质检等应用，缓解了钢铁行业生产的安全压力，有助于实现精益化的产品管理。

★ 采矿行业

采矿行业的危险程度较高，安全生产是采矿行业的红线。露天矿存在矿山石坠落、塌方、滑坡、瓦斯爆炸等事故风险，井工矿面临高温、高湿、粉尘等恶劣的工作环境。

以某煤矿为例，目前其所采用的掘进机、挖煤机、液压支架等一系列设备都由5G实现远程操控，改善了一线工人的工作环境，而井下的巡检工作也主要由移动机器人代替人工，5G融合北斗系统进行高精度定位，可以准确地巡检硐室环境和运输皮带设备状态等，减少了井下值守人员和巡检人员的工作量，提高了巡检效率和作业的安全性。不仅如此，在采矿现场，传感器、视频采集等监测设备还可以利用5G+视觉识别等技术实时检测气体浓度等环境信息，进一步提升了危险环境下的安全生产监测效率。

对于采矿行业而言，5G的应用不仅提升了效率，还极大地改善了采矿行业工作者的劳动环境。

★ 电力行业

从电力行业的特点来看，其主要涉及发电、输电、变电、配电和用电5个环节。不同的环节对网络的需求有所不同，因此工作过程中会面临实时监管设备难、难以实施精细化管理的问题。

以国家电网为例，面对传统输变线路巡检耗时长、人工成本高、工作环境恶劣的问题，现已采用5G信号控制下的无人机进行大规模的线路巡检，让高空作业的巡检工人减轻了负担。无人机对大尺寸缺陷的识别率达99%，对小尺寸缺陷的识别率达40%，效率提升了百倍以上。

对于电力行业而言，5G的应用为其向高效、安全、智能转型奠定了可靠的基础。

◎ 5G在其他行业的典型应用

5G除了在工业互联网上大放异彩，在其他领域也有所突破，例如智慧港口、智慧安防、智慧教育和智慧医疗等领域。

★ 智慧港口

港口作为交通枢纽，发挥着举足轻重的作用。深圳蛇口妈湾智慧港主要通过 5G 独立组网来实现网络设备的远程控制，例如远程控制桥吊和龙门吊，通过控制运输车实现智能理货等，从而实现港口管理智能化及作业高效化。据统计，经过改造升级，深圳蛇口妈湾智慧港自动化轨道单机作业能力实现每小时 28 箱，自动化轨道桥平均作业效率达每小时 17.66 箱，桥吊单机作业能力在远控半自动状态下能达到每小时 28 箱，在远控全手动状态下能达到每小时 35 箱，桥吊（岸边）平均达成效率能达到每小时 29.34 箱。码头作业效率大幅提升，其中岸边提升 3%，堆场提升 45.4%，闸口提升 50%，减少操作人员约 93 人。可见，5G 下的智慧港口比 4G 下的智慧港口更加高效、智能。

★ 智慧安防

在 5G 的推动下，安防正在从传统的视频安防监控走向智慧安防。简单来说，就是从过去传统的防控辅助迈向更加综合化的监管系统。

例如，利用 5G+AI 所构建的立体执法体系，在追查犯罪分子的途中，警务摩托可以实现超高清的 4K 视频回传，在空中使用 5G 警务无人机进行实时监控，而指挥监控中心可以通过实时回传的视频进行综合指挥，从而实现空地联动和情报分析指挥一体化。

各个行业不断提升安防的要求，5G 依托大带宽、低时延及高可靠等特性，可以与多种智能终端融合并在智慧安防领域开展应用。例如，利用 VR/AR 设备实现施工现场的监控，巡防机器人进行工业重地的巡逻工作等。

★ 智慧教育

2020 年 3 月，国家发展和改革委员会、工业和信息化部明确将"5G+智慧教育"作为七大 5G 创新应用工程之一。

在华南师范大学的智慧学习空间的教室里，智能教学设备借助物联网技术设备可一键开关，师生无须被复杂的设备管理束缚，教室能够满足师生自行携带设备便捷接入，可同时实现 6 个小组的多屏互动教学场景，实现线上、线下教学活动的融合，助力教师探索新型教学模式，同时支持开展新型教学活动，例如利用 5G 网络实现跨区互动授课。

★ **智慧医疗**

智慧医疗是将物联网、大数据、AI 等技术与医疗健康领域融合，从而实现医疗健康服务的智能网联化，提高医疗健康服务的资源利用效率。

例如，深圳华大智造云影医疗科技有限公司成功打造了远程超声诊断解决方案，其研制的远程超声机器人诊断系统实现了通过 5G 所拍摄的远程医疗影像来进行实时诊断，解决了医疗资源分配不均的问题。

当然，智慧医疗的应用不仅局限于医疗设备的更新，在应急救护网络搭建方面，5G 将利用广连接的优势，汇总患者、医疗设备、应急指挥中心及医疗机构等的信息，搭建成一个应急救援网络。当医院将患者信息实时搜集、汇总、上传至医院指挥中心后，医生就可以提前了解患者的情况并迅速制定治疗方案。另外，不同地区、不同层级医院的专家可以进行 5G 远程会诊，更好地平衡医疗资源，让一些偏远地区的群众享受到更好的医疗服务。

⚙ 2.2.2 物联网

▽ ◤ 收 益 ◥ ▽

认知收益
- 了解物联网的概念与特征
- 规避物联网的认知误区
- 了解如何选择物联网的生态

知识收益
- 了解物联网的4个核心特征及4层模型
- 了解物联网的发展趋势与挑战
- 了解发展数字经济的重要性

⊙ **案例导入**

1995 年，比尔·盖茨在《未来之路》中预测了信息技术未来的发展。

"未来您将选择自己喜欢的节目，而不是被动地等着电视台播放。"

"未来人们在观看电影《飘》时，可以用自己的面孔替换片中的嘉宝等知名演员，实实在在体会一下当明星的感觉。"

"如果您计划购买一台冰箱，您将不用再听那些推销员喋喋不休的唠叨，因为电子公告板上有各种正式和非正式的评价信息。"

"如果您的孩子需要零花钱，您可以从计算机钱包中给他转账 5 美元。此外，当您驾车驶过机场大门时，计算机钱包将会与机场购票系统连接，检验您是否购买了机票。"

当比尔·盖茨书中的理想照进现实，我们看到了智能电视、AI 换脸、电子商务、电子支付等现实应用，这些应用极大地丰富了我们的生活，提高了效率。

书中不乏介绍了"物联网"的概念："当你走进机场大门时，你的袖珍个人计算机与机场的计算机相连就会证实已经买了机票。开门也无须用钥匙和磁卡，你的袖珍个人计算机会向控制锁的计算机证实你的身份。"随着 5G、云计算等数字技术的兴起和发展，万物互联的世界正在到来。

◎案例简介

新浪对 87 位消费者关于物联网进行了一次访谈，深入调查了消费者对物联网产品研发或服务的真正需求。

★ **冰箱联网的关键不是食材温度，而是健康管理**

以消费者呼声最高的冰箱为例，冰箱排在消费者期待联网功能产品的首位。从功能来看，消费者期待冰箱可以解决食材经常过期的问题，希望在自己烹饪时冰箱可以提醒需要补充哪些食材。

然而，访谈发现，除管理食材外，消费者真正期待的是冰箱能作为一个"健康守门员"。消费者希望在取食材时，冰箱能立即计算出自己今天吃了哪些食物、累积了多少卡路里。此外，冰箱也可以配合消费者的健康状况，汇总体重、血糖等各项信息后给出合适的健康食谱，同步对比冰箱现有的食材清单，向消费者提供采买清单。如此精准的服务，需要依赖跨硬件及服务数据的整合。

★ 衣柜联网的关键不是衣物的收纳及寻找，而是消费者需要全方位的造型管理师

消费者经常提及的困扰是衣柜中的衣服越来越多，四季的衣服混在一起，导致寻找困难，最后穿来穿去总是穿最上面的那几件，穿搭并没有变化。

从表面来看，消费者想解决的是衣物难以收纳及寻找的问题，但是背后的核心需求其实是消费者不知道如何穿搭，并期待有"个人造型管理"功能的衣柜协助解决。

当衣柜实现联网后，消费者又开始期许贴身衣物能够提供身体监测和实时的健康建议，希望衣物拥有自体监测功能，监测到脏污或尘螨超标，主动提醒消费者换洗衣服，甚至能够连接洗衣机的设定模式。

从上述的案例访谈中，我们可以发现，消费者有个性化和定制化的需求，供应商提供的产品智能化程度较低（现有智能家居产品是"联网物"），"物—物"未形成交互生态等，这让我们充分意识到万物互联的世界仍未到来，并且当下物联网仍面临着诸多问题与挑战。

对于企业及政府机构来说，物联网现存的挑战既是困境，也是机遇。物联网作为信息联网、移动联网基础上一种新的连接模式，若要使其释放最大的认知红利，则应从厘清物联网的概念、技术架构、趋势和挑战开始。

🕐 物联网发展概述

◎ 从计算机联网到万物互联

20 世纪 60 年代，互联网诞生，但并未风靡全球。其中，很重要的原因在于早年连接网络需要经过一系列复杂的操作，并且不同的计算机具有不同的操作系统和不同的文件结构格式，使跨平台的信息文件只能相互独立地成为"孤岛"。

20 世纪 90 年代，万维网的诞生迎来了真正的互联网时代。这一阶段解决的问题是"连接信息"，即通过计算机端接触互联，让网站上的所有信息在超文本传送协议下结合在一起，用户使用搜索引擎就可以找到自己所需的信息。

移动互联网时代解决的问题是"连接人"，即用户能够通过随身携带的移动设备不受时间与地理约束接入互联网以获取有用的服务与信息。近年来，除了智能手机和平板计算机，人们通过游戏机、电视机等也可以随时随地访问互联网，而在人机交互过程中所产生的数据也可以存储至云端。

万物互联时代解决的问题是"连接物"。在互联网和通信网络的基础上，物联网与其他数字技术的协同发展，将终端延伸至那些"从未联网"的物理世界的万物，向物体嵌入传感器、微控制单元等，配合射频识别、通信、边缘计算等技术，使这些物体具备相互感知、信息交互、计算及标识自身的能力，具备与数字世界有机相连的能力。

物联网设备可以小到传感器、电子标签等，大到个人智能设备、城市系统等，可以是自然界的一切生物与物体。物联网将会让海量智能物体实现万物互联。

物联网终端设备（物）与人的 3 个根本区别如下。

设备比人多。中国信息通信研究院发布的《物联网白皮书（2020）》预计，到 2025 年我国物联网连接数会达到 80 亿个，这是连接基础。

设备能告诉人们更多的数据。 一部手机有近 14 个传感器，包括加速度计、GPS 和辐射探测器等，而风力涡轮机、基因测序仪等工业设备通常有 100 个传感器，这是感知基础。

设备可以不间断地输出数据。 相较于人联网模式下人们通过敲击键盘输出数据，公用电网功率传感器可以每秒发送 60 次数据，高速插入器可以每两秒发送一次数据，这是计算基础。

在摩尔定律的驱动下，普通物品将很容易获得与第一代智能手机相当的计算和连接能力。

重点

·物联网是在信息联网、移动联网基础上形成的一种新的连接模式，它改变了互联网中的信息全部由人获取和创建，以及物品全部需要人的指令来操作的情况，未来将深远地影响社会的生产和生活。

·物联网成长于互联网的土壤，"物"的连接基础、感知基础和计算基础将带来万物互联的生态重构。

🕐 物联网的概念与特征

◎ "物联网"不是"联网物"

"联网物"的重点在于"物"，而"物联网"的重点在于"网"，其背后的服务与智慧才是关键所在。

但是目前许多厂商都将重点放在硬件上，并做出一个个的"联网物"，最后走向价格战，产品与服务不知不觉地偏离了消费者的需求。

"物联网"的核心是通过各种硬件收集数据，利用这些数据来创新服务方式和商业模式；而"联网物"则是通过连上网络来帮助硬件增加更多的新功能，提高附加价值，然后通过出售新功能来获利。

重点

· "物联网"不是"联网物",因为物联网不是简单的"物体联网",它的核心在于围绕"物"或者"数据"打造生态,实现商业智能。

· "物"是数据入口,"联"是数据联通,"网"是数据应用。

· 做好物联网化的智能产品,能够避免"联网物"领域低层次的同质化竞争。

◎物联网不是一项单一的数据收集传输技术

大多数企业对数字化转型的一系列技术(物联网、云计算、大数据、AI、5G、区块链等)都已耳熟能详,但对于物联网的认知却常常落入窠臼。

事实上,在数字化转型的浪潮中,物联网只有和多样化的数字技术相辅相成、耦合协同,才能最大化地实现价值共生。

物联网感知层采集数据,这些数据经由 5G 依次被传输到边缘侧、平台中心处,由边缘计算与云计算携手提供算力支撑。数据分析层主要采用大数据技术完成数据的预处理与分析,人工智能依赖云计算、大数据优化算法,最终反哺物联网的场景应用。各技术要素之间共存共生,互相依赖,贯穿数据的流动应用路径。未来,物联网、5G、云计算、大数据、AI 等技术的联系将更加紧密,助推物联网应用落地升级。

重点

· 物联网产生海量数据。

· 海量数据需要高效存储(云计算)。

· 数据具有 4V[1] 或 5V[2] 特征,需要深度分析(大数据)。

1　4V:指 Volume(规模性)、Variety(多样性)、Velocity(高速性)、Value(价值性)。

2　5V:指 Volume(规模性)、Variety(多样性)、Velocity(高速性)、Veracity(准确性)、Value(价值性)。

· 通过数据分析，实现人—机—物高效融合（智能控制）。

· 数据要素的生命周期沿着"物联网—云计算—大数据—AI"流动，一脉相承。

根据国际电信联盟的定义，物联网是通过使用射频识别设备、传感器、红外感应器、全球定位系统、激光扫描器等，按约定的协议，把任何物品与互联网连接起来，进行信息交换和通信，以实现智能化识别、定位、跟踪、监控和管理的一种网络。我们可将这一定义简化为"设备—连接—采集—学习—应用"。

物联网并非是物物相连。在我国的数字新基建布局中，物联网的最终形态是"空天地一体化"，包括由各种轨道卫星构成的天基网络、由飞行器构成的空基网络和传统的地基网络，其中地基网络又包括蜂窝无线网络、卫星地面站和移动卫星终端及地面的数据与处理中心等。

⊙ 物联网的技术架构

以人体的感知过程为例，我们可以将物联网的核心技术分为 4 个层次，即感知层（感知和识别）、网络层（网络传输）、平台层（信息聚合）和应用层（智能处理）。

◎ 感知层

人类是使用五官和皮肤，通过视觉、味觉、嗅觉、听觉和触觉感知外部世界的。而感知层就是物联网的"五官"和"皮肤"，用于识别外界物体和采集数据。

感知层解决的是人类世界和物理世界的数据获取问题。它首先通过传感器、数码相机等设备，采集外部物理世界的数据；然后通过射频识别、条码、语音等技术，形成比生物更敏锐的"视觉""味觉""嗅觉""听觉"和"触觉"。

在传感器与识别技术的帮助下，物品将在与外界交互的过程中采集多维、实时的数据，并借助网络通信技术传送至上层进行更深层次的智能处理。

目前，围绕芯片、传感器、微控制单元等关键元器件设备，我国已经形成了物联网感知层的产业链。

重点

·感知层的关键技术是传感识别和网络通信，两者分别负责对物理世界的智能感知识别、数据采集处理和自动控制，并通过通信模组将物理实体连接到网络层和应用层。

·感知识别层位于物联网四层模型的底端，是所有上层结构的基础。

◎网络层

如果感知层的传感器是物联网的"感觉器官"，那么网络层的通信技术则是物联网传输数据的"神经网络"，可以实现数据的安全、准确、可靠传输。

承载物联网设备的传输网络主要分为有线传输和无线传输，其中无线传输是物联网的主要应用。

按照传输距离，无线传输技术可以分为以下两类。

★ **适用于复杂室内环境的近距离无线传输技术**

近距离无线传输技术以 ZigBee、Wi-Fi、蓝牙为代表。信号覆盖范围一般为几十厘米到几百米。近距离无线传输技术主要应用在局域网，例如家庭网络、工厂车间联网、企业办公联网。但目前受制于技术，单一的短距离通信技术在不同方向上各有优劣。

ZigBee：ZigBee 的优势在于可以自动组成一个低时延、低功耗且最高可接入 65000 个设备的网络；ZigBee 的劣势在于存在安装门槛，需要额外路由器组件（ZigBee 网关），否则无法与手机相连。

Wi-Fi：相较于 ZigBee，Wi-Fi 的优势在于高速率、低时延，且不需要像 ZigBee 设备那样在有网关的情况下才能与手机连接。Wi-Fi 的劣势在于连接量与功耗受制于路由器节点，就家用路由器而言，如果有 10 个以上的电子设备需要连接，则路由器可能承受不了。

蓝牙：蓝牙既拥有 ZigBee 的低功耗、快速响应的特点，又有 Wi-Fi 轻松使用的优势（不需要网关就可以连上手机网络）。但蓝牙的缺点同样明显，它的穿墙能力偏弱，隔墙之后信号非常弱，导致智能设备无法联动。

目前在物联网领域，大多数传感器嵌入芯片，网络传输模块的能耗低且功率小，主要以近距离无线连接为主。特别是在工厂内部，无数的生产设备、物料和智能终端都需要利用 ZigBee、Wi-Fi、蓝牙等近距离无线技术实现互联。

（重点）

· 近距离无线传输技术具有部署成本低、功耗低、传输功率高的优点。

· 面对复杂的室内环境，因 ZigBee、Wi-Fi、蓝牙各有优劣，目前厂商多以组合方案应用于智能家居、智能建筑、智慧工厂等室内场景。

★ **适用于开阔城市空间的远距离无线传输技术**

在一些业务中，近距离无线传输技术无法满足需求。例如，企业需要监控用户产品的使用状态并实时传回数据。在重工业企业，监控远程设备的使用状态是十分重要的。因此，需要利用远距离无线传输技术实现数据的回传，这时企业就需要选择远距离无线传输技术来完成业务。

远距离无线传输技术包括窄带物联网（Narrow Band Internet of Things，NB-IoT）、通用分组无线业务（General Packet Radio Service，GPRS）、远距

离无线电（Long Range Radio，LoRa）、5G，信号覆盖范围一般为几千米到几十千米。远距离无线传输技术主要用于传输远程数据，例如智能电表、智能物流、远程设备的数据采集等。

NB-IoT：作为物联网实现万物互联的一个重要分支，NB-IoT 具有低频段、低功耗、低成本、高覆盖、高网络容量的特点。一个 NB-IoT 基站可以比传统的 2G、蓝牙、Wi-Fi 多提供 50 ～ 100 倍的接入终端，并且只需要一个电池设备就可以工作 10 年。NB-IoT 的典型应用场景有智慧城市、共享单车等。

GPRS：主要针对工业级应用。GPRS 的特点在于保持实时在线、同步监测与数据处理、支持系统双向操作。同时，因为 GPRS 网络覆盖广泛，所以不需要单独建立通信网络，只需要安装好设备，插入 SIM 卡，就可以进行网络通信，实现远程设备操作和升级等。

LoRa：LoRa 最大的特点是其在同样的功耗条件下，比其他无线方式传播的距离更远（最远可达 15 千米），实现低功耗和远距离的统一。在同样的功耗下，LoRa 的传播距离是传统无线射频通信距离的 3 ～ 5 倍，典型的应用场景包括物流跟踪等。

5G：具备高速率、低时延和广连接的特性。5G 在速率、功耗、连接、距离传输方面比其他无线传输技术都强。相较于其他蜂窝技术，5G 能够在一个密集区域向更多的设备传输数据。相较于 NB-IoT，5G 能够在地下和农村地区实现更好的无线覆盖。5G 的应用领域涵盖车联网、工业控制、远程医疗、智能电网和智能环境监测等。

重点

· 远距离无线传输技术部署适用于开阔的城市空间，场景更多，连接距离更远。

不同层次的物联网应用对应不同的成本耗费和网络层无线传输需求，应根据具体情况具体分析。

高功耗、高速率的远距离传输技术（例如4G、5G等蜂窝通信技术）适用于GPS导航与定位、视频监控等对实时性要求较高的大流量传输应用，连接成本较高。

低功耗、低速率的远距离传输技术（例如LoRa、NB-IoT等）适用于远程设备运行状态的数据传输、工业智能设备及终端的数据传输等，连接成本较低。

高功耗、高速率的近距离传输技术（例如Wi-Fi、蓝牙）适用于智能家居、可穿戴设备及机器与机器（Machine to Machine，M2M）之间的连接和数据传输，连接成本较低。

低功耗、低速率的近距离传输技术（例如ZigBee）适用于局域网设备的灵活组网应用，例如热点共享等，连接成本适中。

在很多场景下，我们需要考虑多重因素，例如用户数据量、数据传输距离、成本等。根据商业模式选择合适的物联网接入协议，才是最明智的决定。

◎平台层

物联网平台层和人类大脑皮层的功能相同，充当着物联网智慧的源泉。人们通常把物联网应用冠以"智能"的名称，例如智能电网、智能交通、智能物流等。

平台层是社会分工形成的产物。有平台层的存在，企业可以专心构建自己的应用或者组建自己的产品网络，而不用考虑如何让设备联网。

在物联网中，平台层按照逻辑关系主要分为4类平台，分别为设备管理平台、连接管理平台、应用使能平台和业务分析平台。

4类平台分别侧重物联网平台层的终端管理、连接管理、应用支持、业务分析功能。经过4类平台的逐级加工，平台层最终自下而上地实现数据价值的累积升迁。

重点

·设备管理平台：主要负责对物联网终端设备进行远程监管、系统升级、软件升级、故障排查和生命周期管理等。

·连接管理平台：提供对物联网的连接管理、故障管理、网络资源用量管理、资费管理、账单管理及服务托管等服务。

·应用使能平台：帮助物联网应用程序开发人员快速开发和部署他们需要的物联网应用程序。

·业务分析平台：收集各种相关数据后进行分类处理和分析，提供可视化的数据分析结果（图表、仪表盘和数据报表）。

物联网涉及各行各业，不同行业的物联网平台产生了水平型和垂直型两类战略布局。

水平型物联网平台多诞生于具有资源背景的电信运营商、云计算企业、互联网头部企业等，例如阿里巴巴、腾讯、华为、中国联通等。水平型物联网平台为下游用户提供基础设施即服务（Infrastructure as a Service，IaaS）或平台即服务（Platform as a Service，PaaS），按照设备连接数量、设备连接时长、消息数量、消息流量收费，并在完成设备接入的基础上，增加用户对云服务、人工智能和安全服务等资源产品的消耗。

相较于水平型物联网平台通过合作伙伴深化重点的垂直领域应用，垂直行业头部企业则与互联网企业通过战略合作加强平台的互联互通，完善平台服务功能，共享行业资源，实现竞争力的提升，垂直型物联网平台包括发那科、西门子、美的、航天科工等打造的平台。

◎应用层

作为物联网架构的顶层，应用层对应的关键概念是模拟人行为活动的"智能处理"。

丰富的应用是物联网的最终目标，目前，物联网已经衍生出智慧家居、车联网、公共服务、智慧农业和智慧物流等多样化的应用产业。

基于消费者、企业、政府 3 类群体，我们将从生活、生产和公共 3 个领域出发，阐述物联网的智能应用如何产生巨大的社会价值。

★ 生活领域：智能家居

在万物互联时代，当我们需要休息时，窗帘、家电产品自动关闭，小夜灯、加湿器等助眠设备自动开启；当我们起床时，窗帘、电饭煲、电灯等设备自动开启，助眠设备关闭，智能音响开始自动播报天气预报和新闻，或是播放音乐；当我们出门时，可远程实时通过手机查看家中电器的运行状态，温度、烟雾、门窗等传感器实时监护家庭安全，智能摄像头可查看屋内成员的状态；当我们回家时，电饭锅、洗衣机、热水器、扫地机器人等提前工作，不需要额外耗费等待时间。

以上场景描绘的就是物联网在消费侧的第一大应用——智能家居。智能家居以提升消费者的生活体验为主，不仅可以在一定程度上节约时间、提升效率，而且也能加强家居安全性、便利性、舒适性和艺术性，并打造环保节能的居住环境。

★ 生产领域：工业物联网

生产领域存在众多细分行业，行业间需求各异且高度碎片化，因此产业物联网的建设并非一蹴而就。工业大数据是工业物联网的核心价值源泉，对于物联网传感产生的海量数据，通过云计算、AI 等技术提升数据采集及分析能力，以便在更深层次挖掘工业数据的价值，这是工业物联网的核心价值体现。

相较于传统工厂设备人力监管的模式，工业物联网通过 1.0 设备数据直采，有效地优化了设备综合效率（Overall Equipment Effectiveness，OEE）、人力成本、电力成本等工厂运营指标，显著提升了设备利用率，节约了工时，实现了扩产增收。

仅按照 10% 的行业渗透率测算，工业物联网比传统人力模式释放了 4 万～ 6 万的人力资源、节约了 0.8 万～ 3.4 万户的家庭用电量、带来了 0.1‰～ 0.2‰的 GDP 提升。即使估算数据跨度较大，但这足以见微知著。物联网将使生产领域降本提效，为产业发展注入新动能。

★ 公共领域：智慧政务、智慧交通、智慧环保与智慧社区

近年来，各城市大力推进智慧政务、智慧交通等公共智慧建设项目，促进城市运转的效率提升和文明城市的建设。在数据量级庞大且财政资源有限的情况下，进一步发展与应用 5G、AI 等技术，以及打通平台之间的数据，是公共智能物联网项目落地推行的极大助力。

以智慧政务为例，根据部分公开数据的统计分析，相较于传统政务办理方式，智慧政务所需申请材料的数量减少了 50% ～ 70%，办理时限节约了 50%～ 80%，极大地提高了办事效率，真正做到了便民和利民。

◔ 物联网现存的挑战

智能家居、工业物联网、智慧政务、智慧交通……物联网的应用体系描绘了多样化的商业智能图景，一个万物互联的美好画卷正在徐徐展开。然而，随着接入网络的设备越来越多，物联网当下面临的困境与挑战也愈发凸显。

根据中国信息通信研究院的判断，物联网要实现下一步的加速演进并迎来产业爆发，必须应对碎片化、安全、成本 3 个方面的挑战。

◎碎片化问题妨碍物联网设备相通

在智能家居领域，普通用户可以直观地感受到这一点：当用户购买不同品牌的硬件产品时，往往要分别下载相应的 App 才能实现智能化控制，例如智慧生活（华为）、米家（小米）、美的美居、海尔智家、格力+等，这些产品

通常难以实现跨品牌联动。

在更为复杂的工业场景中，单一企业所需的生产设备、传感器、智能终端等硬件数量较多，不同类型的设备支持的传输协议更是千差万别。而不同领域的工业企业由于生产场景、流程、原理不同，自动化、信息化、智能化的程度也存在较大差异。因此，不仅单一企业内部设备难以全面互联，跨企业的模式复制也难以实现，标准化、规模化的物联网更是无从谈起。

为什么当前物联网会如此碎片化？除了与终端设备本身的多样性和非标性特点有关，还与设备之间复杂的信息传输协议有关。而这种碎片化体现在物联网产业链的网络层、平台层、应用层。

重点

·物联网的碎片化问题来源于网络层的传输协议不统一、平台层的生态互不兼容及应用层设备的多样化与非标准化。

◎物联网安全面临着新形势和新风险

在人们的日常生活中，一旦智能家居、摄像头乃至电网等重要设施遭到破坏或攻击，不仅会影响应用服务的安全稳定，导致隐私数据泄露、生命财产安全受损，还会危害网络关键基础设施，威胁国家安全。

在产业层面，虽然业界已经从生态、产品和解决方案 3 个方面切入物联网的安全布局，制定了多项网关安全、设备安全、加密和系统安全标准，但客观来说，我国物联网安全产业尚处于起步阶段，政策布局不足、核心终端产业成熟度不高，物联网安全标准的针对性欠缺，安全防护也不完善。

在技术层面，随着物联网与 AI、边缘计算、第 6 版互联网协议（Internet Protocol version 6，IPv6）等新技术的深度融合，传统的安全防护措施面临 IPv6 带来潜在暴露性安全风险、物联网敏捷性带来关联性安全风险、物联网边缘计算将放大分布式安全风险等典型技术安全风险。

重点

· 物联网的安全问题包括产业层面尚处在生命周期早期、政策布局不足、核心终端产业成熟度不高，同时也包括物联网与新技术融合所引致的暴露性、关联性和分布性安全风险。

· 随着"新基建"战略的不断推进，物联网的安全问题将被提升至国家基础设施安全层面。

◎物联网的高成本问题阻碍规模实施

2020 年，微软发布了《物联网信号》研究报告，该报告对全球 3000 余家企业开展了调研。报告显示，约 1/3 的物联网项目未能通过概念验证阶段，通常是因为实现成本过高或带来的效益不明朗。

事实上，只有当物联网项目的应用价值大于成本时，企业才有获得资助的机会。然而，受制于芯片与通信模组的成本及功能，低成本的 NB-IoT 覆盖范围和覆盖质量比较有限，对覆盖质量要求较高、移动性和语音要求的场景支撑不足，而 5G 因应用成本过高，短期内难以向占比大多数的城市中低价值应用渗透。因此，物联网开发商也就难以基于单一通信技术开发出具有规模效益的物联网应用场景。举例来说，在一个简单的物联网可穿戴设备项目（包括同步、第三方应用程序接口和安全工具集成）中，产品开发至少需要 5 万美元。若与其他智能技术叠加，同时考虑物联网设备的安全性问题，后期投入的运维成本会比开发成本更高。

因此，物联网要想在更多的行业实现规模化落地应用，必须解决成本问题。只有构建便捷、低成本的物联网应用生态，真正赋能企业，物联网产业才能得到进一步发展。

⏱ 当下物联网发展的主要趋势

◎推进物联网终端统一接入：物模型

物联网领域未来的发展趋势是加快物模型技术标准的突破和应用实施。

随着加快制定物模型国内标准，企业间物模型重叠及矛盾将不断减少，模型认证及互通测试能力日趋完善，物模型一致性和互联互通能力增强，应用阻力减小。物模型将以智能家居为切入点探索物模型从通用框架向行业延伸，制定垂直行业物模型标准，建设物模型行业模板库，为碎片化的消费侧需求落地提供便利。

◎探索开源方式缓解芯片成本：RISC-V

芯片作为物联网硬件设备的核心感知技术，在传统的研发过程中涉及流片、IP核、工具链和人力成本等高成本因素，严重阻碍了物联网应用的规模化进程。例如，28nm工艺系统级芯片（System on Chip，SoC）的研发费用高达数千万元，其中，购买内存控制器、PCIe控制器等的费用高达500万～1000万元，EDA工具版权费超过500万元，流片费用甚至高达千万元。

RISC-V（一种新式的芯片架构）为物联网芯片的应用研发过程提供了全新的路径。

RISC-V免除了昂贵的指令集许可费，使未具备自主设计SoC能力的企业可以通过第三方IP或设计服务公司来开发RISC-V设备，从而提高设计验证的效率。

RISC-V指令集高度适合物联网碎片化市场，物联网对软硬件生态系统的要求不像手机、计算机和服务器芯片那么高，开源优势允许一些中小型企业完全从实际应用出发，向RISC-V指令集中添加新的指令来完成满足特定需求的芯片开发。

随着RISC-V阵营的不断壮大，其影响力持续提升。

目前，RISC-V 不仅建立起超过 500 家会员单位，包含半导体设计制造公司、系统集成商、设备制造商、军工企业、科研机构、高校等，还获得了产业链与国家层面的支持［印度将 RISC-V 列为国家级指令集，我国成立了"中国 RISC-V 产业联盟"和"中国开放指令生态（RISC-V）联盟"］。未来，国内厂商将更多地基于 RISC-V 设计具有成本效益的高端物联网芯片，并逐步实现更大规模的物联网统一应用。

前景：从万物互联到连接一切

在这个万物互联的时代，越来越多的连接正在改变人们的生活，并塑造出无数的商业机会。

人与人的连接创造了腾讯。

人与交易的连接创造了阿里巴巴。

人与信息的连接创造了百度。

人与服务的连接创造了美团、滴滴打车。

人与物体的连接、物体与物体的连接，其体量是上述几种连接无法比拟的。

把握人与物的连接，并形成"网"的智慧，打造生态，将引领数字化转型的浪潮！

2.2.3　大数据

收　益

认知收益

· 从IT到DT，数据是最核心的资产

知识收益

· 大数据的4V特征：规模性、多样性、高速性、价值性
· 大数据"淘金"的过程：数据采集—数据存储—数据处理—数据应用

大数据是指数据规模大到无法通过人工在合理的时间内对其进行截取、管理、处理、解读的信息。

⏱ 大数据的 4V 特征

大数据具有以下 4 个特征。

◎规模性（Volume）

大数据要求采集的数据量级庞大。随着信息技术的发展，数据量呈爆炸式增长。从个人设备来看，手机的内存从 16GB 到 32GB 再到 64GB，如今扩大到 256GB 甚至 1TB。而在广阔的互联网上，留存的数据就更多了：淘宝网近 4 亿的会员每天产生的商品交易数据约 20TB；Facebook 约 10 亿的用户每天产生的日志数据超过 300TB；一辆物联网汽车每运行 8 小时将产生 4TB 数据。

人们每天在 Facebook 上耗费的时间总计 47 亿分钟；"状态"的更新达 5.32 亿人；每天有 2.5 亿张图片上传到 Facebook，如果把它们都打印出来，堆起来相当于 80 座埃菲尔铁塔的高度；每天手机"应用市场"里会新增 1288 款应用，下载次数超过 3500 万次。

2020 年，我国产生超过 8000EB 的数据，约占全球数据量的 18%，到 2025 年，全球每天将会产生 460EB 的数据，相当于每天产出 20 亿张 DVD。

重点

大数据是以 TB、PB、EB 甚至 YB 为单位的巨大量级的数据。

◎多样性（Variety）

★ 数据源多

无论是生活还是生产，我们都依赖于各种硬件设备。一个人拥有计算机、移动电信、智能手表、蓝牙耳机、体脂秤等设备，而每台设备上又有多个

App，软件中的每个操作功能都可以看作一个收集数据的入口。一个工厂拥有各种传感器、控制器、监测系统等，它们每时每刻都在收集着数据。

个人的衣食住行，企业的财税物人，社会的医疗、公安、交通、消防等，都在源源不断地为大数据供给"血液"。

★ **数据类型多**

看整齐报表的效率远高于看文章的效率。报表可以清晰地分出行列维度。有固定格式的数据被称为结构化数据。结构化数据通常可以被放入 Excel 中生成报表，便于分析统计。与之相对的非结构化数据是没有固定格式的数据，例如长段的文本、图片、视频、音频等，此类数据难以进行分类、标注和分析。介于二者之间的半结构化数据既有模式化的固定格式部分，也有非模式化的自介绍，例如，一个员工的简历中有结构化的工作经历、工作地点、工作时间等介绍，而工作经历中又充满了非结构化的大段文本内容。

在大数据中，有超过 80% 的数据为非结构化数据和半结构化数据。因而需要 AI 等技术来提炼具有结构化特性的关键数据，从而进行整合分析。

★ **数据间的关系**

因为数据本身是一堆"原材料"，数据之间是没有关系的，除非人为地赋予它们关系，而这种被赋予的关系，就是在数据之间建立的"连接"，如果一组连接是正确的，那么数据也就变成了信息。例如 8℃、北京、3 月 4 日，这 3 个数据属于不同的类型，将它们分开来看是产生不了任何信息的，只有将他们组合起来（北京 3 月 4 日的气温是 8℃），才会产生一条有用的信息。

同样，每个人的数据虽然是跨领域、多设备的，但可以通过他的身份证号得知他的住所、工作等信息，这就是数据之间的相互关系。

(重点)———————————————————————

· 大数据中的数据源自多设备、多端口。

·数据分为结构化数据、非结构化数据和半结构化数据，其中非结构化数据和半结构化数据所占的比重较大，需要依赖 AI 及云计算技术处理。

·大数据消除了"数据烟囱"，建立了零散数据的强关联性。

◎高速性（Velocity）

数据规模变庞大之后，对数据处理的响应速度就有了极高的要求，甚至要求实时采集数据、实时分析数据并做出处理。这就依赖于云计算的分布式存储及分布式计算能力，大大提高了算力。

重点

·高速响应是大数据的要求。大数据需要云计算及边缘计算做到实时采集数据、实时分析数据。

◎价值性（Value）

一个场景中的数据量很大，但是绝大部分数据都是无用的数据，那么大数据最大的价值就是从海量的不相关的数据中提取有价值的数据。

总结

·大数据最大的价值就是从海量的不相关的数据中挖掘有价值的数据。

⏱ 如何挖掘数据价值

通过大数据的 4 个特征，我们了解到有很多种收集数据的方式，数据的类型很多，数据量级也很大，那么如何快速、高效地挖掘数据的价值并应用呢？这是一个"淘金子"的过程。人们对大量的沙子进行筛选，选出仅有的几颗黄金在市场上销售。挖掘并利用有价值的数据的过程也是一个"淘金子"的过程。数据价值挖掘过程如图 2-3 所示。

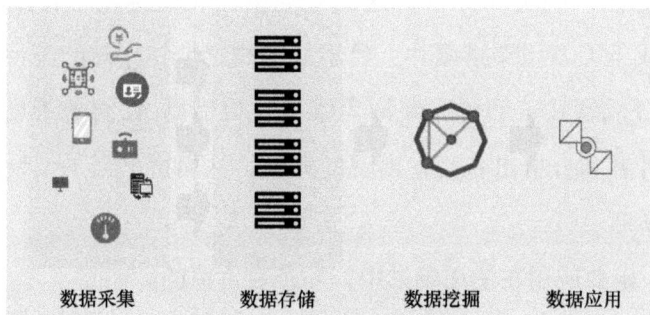

| 数据采集 | 数据存储 | 数据挖掘 | 数据应用 |

图 2-3　数据价值挖掘过程

◎数据采集

数据采集就是将所有数据全部收集起来，数据采集无处不在。

在数据采集的过程中要注意哪些问题呢？首先是隐私安全问题。"个人隐私安全"这个话题近年来广受关注。欧盟早在 2018 年出台了《通用数据保护条例》，我国于 2022 年 8 月出台了《中华人民共和国个人信息保护法》，保护用户数据是政府与企业的责任。其次是过滤无效信息问题。大数据虽然收集多方位的信息，但也需要制定采集策略，过滤掉不必要的数据，保证不会采集太多冗余的无效数据。

◎数据存储

大量的数据无法存储于本地服务器中，因此产生了云存储。在存储的过程中，不仅需要考虑结构化数据、非结构化数据的存储差异，还需要通过行数据库、列数据库、内存数据库、嵌入式数据库等来保障存储效率。由此，多种技术的配套运用，可以有效地处理大数据的存储、备份、容灾等问题，在有效存储数据的同时，避免数据在使用过程中的损坏或丢失。

◎数据挖掘

对结构化数据的分析相对容易，仅通过条件的过滤筛选就可以实现。但对于非结构化和半结构化的数据，我们就需要对关键文字、关键图片、关键色彩等进行标注、归类和分析，这比处理结构化数据复杂得多。以图片为例，假如有成千上万张穿搭图片，要想从中找到今年穿搭的流行风格，就要先把风格划分成款式、颜色、装饰等维度，再借助 AI 对各维度进行识别和标注，最后计算和分析出各元素出现的频率，从而得出当下流行的风格。

◎ 数据应用

大数据一定要应用在使用场景中，才是有价值的。

在交通出行上，我们都习惯使用导航软件，因为它可以告诉我们去往目的地需要多长时间、哪条是最优路线等，这些人性化功能的背后就是大数据在发挥作用。基于对历史用户在某路段驾驶导航时长的统计，能够计算出通过该路段的平均耗时并告知当前用户；依靠用户设备上的 GPS 定位系统和安装在道路上的监控设备，大数据能够采集到汽车数量及流速数据，从而展示当前道路的拥堵状况；互联网地图能接入并打通公交部门的数据，可随时获取各线路公交车的运营状态，以便向用户准确预报公交的到站情况。

在旅游业，迪士尼利用十多年的历史数据，结合天气数据、旅游数据预测每个景点每天、每小时所需要的排队等候时间，为游客计算最佳的园内景点游览次序，同时实时收集数据，处理突发情况，更新每个景点的排队等待时间，使游客平均每人节省 4 小时。

在生产制造业，华润三九集团依靠先进的信息技术、通信技术、物联网技术实现穿透管理，实时掌握生产状况，快速响应，并通过累积、分析生产大数据，不断改善生产运营水平，形成新的生产运营管控能力。通过对质量、工艺、设备等过程的数据进行实时采集、自动统计分析，为以制造执行系统为中心的信息化系统提供数据基础，同时为车间实现精益改善、工艺质量优化、设备预防性维护提供数据支撑。最终以可视化的方式指导生产运营改善，做到以数据驱动质量、效率、成本的改善与提升。

重点

·数据采集无处不在。采集过程中尤其需要注意隐私安全问题，并制定策略，过滤无效的数据。

·数据存储依赖分布式存储、分布式计算等多种存储技术。

·数据挖掘大多是针对非结构化和半结构化数据，利用 AI 等技术做归纳、标注分析。

·大数据的价值在于将有效的数据整合挖掘并应用于实际的场景中，解决实际问题。

2.2.4 云计算与边缘计算

收 益

认知收益

·云、边、端协同将成为未来信息系统发展的主流

知识收益

·了解云计算的3个核心特征及三层模型
·了解云计算的优势与劣势
·了解边缘计算的作用

案例导入

近年来，自然灾害、事故灾难、公共卫生、社会安全等非常规突发事件频发。非常规突发事件具有以下特点。

●爆发性：能量聚集期的不可预测或导火索的未知。

●特殊性：历史上发生的频率极低。

- 环境复杂性：情景应对具有复杂系统机理。

- 演变未知性：事件扩散、衍生、耦合、转化等要素不确定。

- 群体扩散性：事件涉及群体和影响范围的边界不可限定。

电影《拆弹专家》中上演了非常规突发事件的剧情。该片讲述了犯罪分子在香港红磡海底隧道制造的炸弹袭击事件。犯罪分子带领其团伙用大量炸弹封锁了红磡海底隧道的入口和出口，将困在隧道内的上千人作为人质，一旦炸弹被引爆，隧道里及周边的人群将产生伤亡，造成巨大的经济和生命财产损失。指挥部立即成立专案组实施解救，一小时内封锁了周边道路，疏导交通，救护车随时待命，谈判专家及爆破专家就位，武装特警随时待命，政府部门高度关注，最后以牺牲两位警员为代价结束了本次事件。

◎案例分析

★ 应对时间短，压力大

影片中整个过程持续了两天，但是从事发到完成警力部署及疏散人员仅用了很短的时间，因为专案组不能确定犯罪分子会在哪一秒突然引爆炸弹，所以指挥部必须争分夺秒，需要在很短的时间内完成多方的信息同步、协调及部署，指挥部在时间上的压力非常大。

★ 事件涉及主体多

灾难一旦发生，单靠一方的力量是不足以解决问题的。影片中调用了交警、特警、医疗人员、谈判人员、消防人员、隧道工程师甚至是罪犯的家人来共同协作。事件涉及隧道中被困的群众、群众的家人、记者、政府人员、红磡隧道的董事会人员等，这些均是指挥部需要沟通的主体。

★ 信息共享需实时

指挥部要实时获知附近医院的急救能力并进行部署，医院的急诊及救护车数量是时刻变化的，需要随时准备充足的救护车以应对炸弹突然爆炸的急救需求，附近多个医院的救护车信息、医疗能力信息、在诊医生信息需要时刻同步。

面对大量的数据，需要做到有针对性的实时共享。

★ 信息需求多元化

多个责任主体需要在第一时间了解案发现场的具体情况，评估事件的影响及演化，提前部署。例如，交警需要了解道路情况及交通阻塞点，方便调遣警力出警；特警需要了解隧道结构，找到备用出入口作为突击点突破；记者则更关心事件的现场情况等。可见，各个涉事主体所关注的核心需求都是有所差异的，各方的需求复杂，难以有效调度。因此，在短时间内快速采集到这些信息是至关重要的。

★ 处理决策多目标

因为涉及的主体非常多且容易造成巨大的经济和生命财产损失，所以事件处理的目标很多：保障人质的人身安全、将经济损失降到最低、最大限度地防范事态进一步恶化、以最快的速度响应妥善安置群众等。每个决策都需要兼顾多个子目标，仅靠几个人的团队很难从海量的信息中快速做出判断。

⏱ 云信息系统与传统信息系统

传统的应急管理信息系统面临以下挑战。

系统缺乏高效性。对动态海量、多源异构的信息缺乏快速的采集、存储、计算和分析能力。

系统缺乏开放性。每个系统都是割裂的垂直的"烟囱"，信息共享不充分。

系统缺乏灵活性。面对复杂的需求，不能有效调度，实现弹性按需服务。常规情况下资源闲置浪费，非常规情况下系统资源不足。

与传统的信息系统相比，云计算具有架构分布化、服务弹性化、资源共享化、接口标准化、管理自动化、响应迅速化等特征，在应急管理系统中具有更快的计算能力、海量的存储能力、更高效的资源管理、更灵活的扩展方式、更强大的容灾能力和更经济的建设成本。

云信息系统与传统信息系统对比见表 2-2。

表 2-2　云信息系统与传统信息系统对比

对比项	传统信息系统	云信息系统
服务	缺乏弹性	使用的资源可动态增加，灵活可变
架构	集中架构	分布式存储、分布式计算
自助	需要经过 IT 培训	快速上手
资源	竖井模式，多为物理隔离	资源池化，资源可共享
计量	整体打包，无法按需取用	按量取用，按量收费
标准	标准接口较少	云服务提供标准接口
管理	各企业需要专业 IT 维护	由云平台整体维护
响应	服务交付多为数天	云服务快速响应，分钟级

传统信息系统更像是一个个垂直的"烟囱"，相互独立，无法彼此连接；而在云信息系统中，数据上云，资源共享，打通了彼此的连接，就像被拢在了一朵"云"里，形成了一个资源池。云信息系统与传统信息系统如图 2-4 所示。

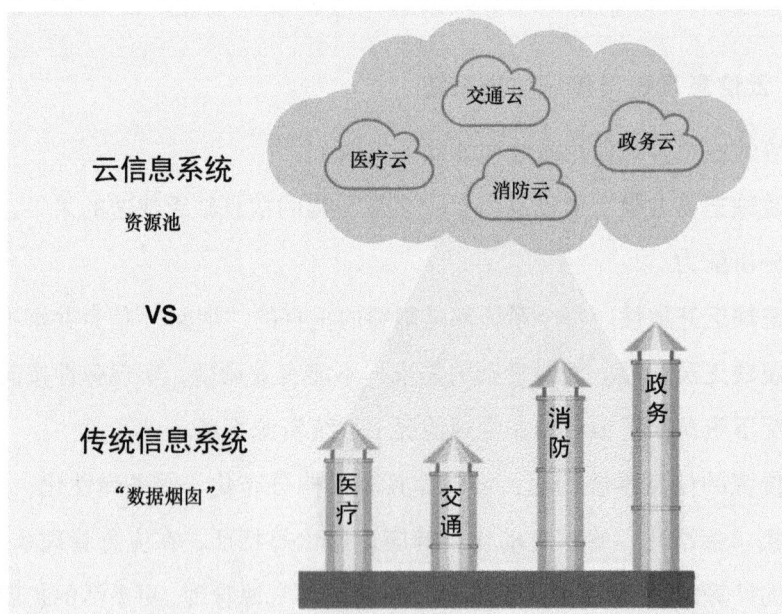

图 2-4　云信息系统与传统信息系统

非常规突发事件在信息需求及处理上具有应对时间压力大、事件涉及主体多、信息共享需实时、信息需求多元化、处理决策多目标等显著特点，因此，要求非常规突发事件的应急管理信息系统具备可信的信息采集、快速存储、高效计算和智能分析能力，要求跨时空海量多源异构信息能够实现有效聚合，跨平台的基础设施与软件服务能够实现充分共享。云计算的整体架构如图 2-5 所示。

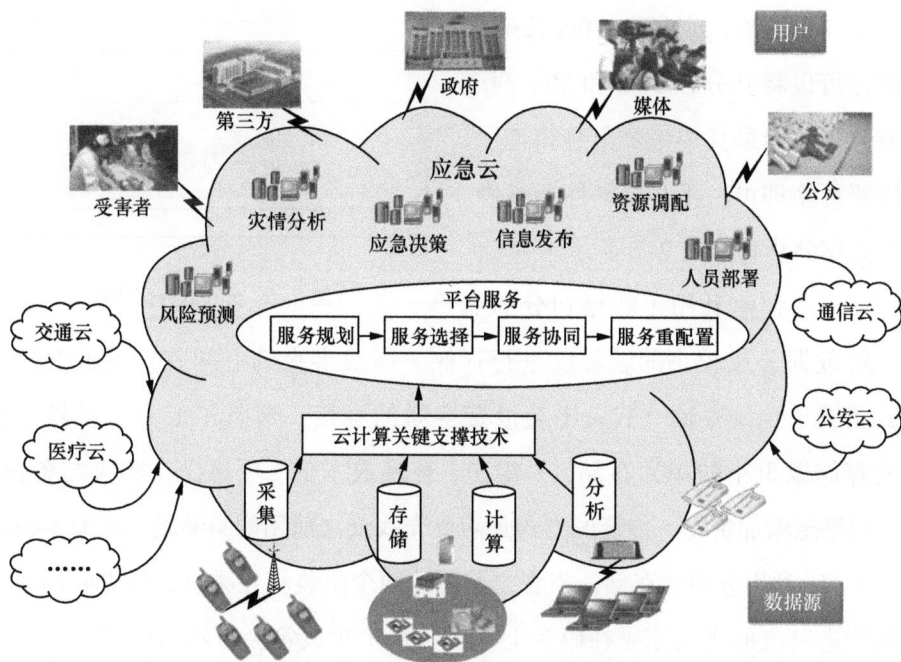

图 2-5　云计算的整体架构

云计算的逻辑分析

云计算的逻辑很简单，只需要理解分布式存储、分布式计算和共享 3 个概念。

◎分布式存储

传统存储方式有什么问题呢？假设要运输 70t 货物，如果货物集中存放在一起，则需要一个长 70m 的集装箱；如果明天只运输 50t 货物，那么这个集装箱只用到 50m 即可；而如果要运输 80t 货物，这个集装箱就装不下了，需要扩充，将 70m 的集装箱延长到 80m。传统存储方式具备一定的扩展性，当设备发生损毁时，迁移和维护成本较高。

码头会规定集装箱的型号，有 20m、30m、40m、50m 4 种型号，如果运输 70t 货物，则需要 70m 长的集装箱，可以将其分在 50m 和 20m 两个集装箱中。如果其中一个集装箱坏了，只需要更换即可，不必全部停运维修。分布式存储货物如图 2-6 所示。

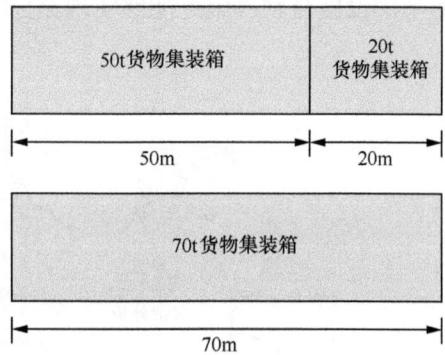

图 2-6 分布式存储货物

分布式存储利用了数据切分的能力，将数据分成较小的颗粒度进行存储，需要多大的空间就订阅多大的空间，相较于传统存储方式，不会浪费空间的容量，节省了成本。另外，分布式存储以更小的单元存储，易维护，替换成本低，更易操作容灾与备份。

如果想增加货物，传统的方式是需要先找到之前用的集装箱，在原本的基础上扩容；利用分布式存储，不管之前用的两个集装箱在哪里，只需要将新的货物放进对应的集装箱排在码头上即可，每个集装箱会有特殊的标记，使人可以快速找到它们，并全部拿出来使用。分布式存储增加货物如图 2-7 所示。

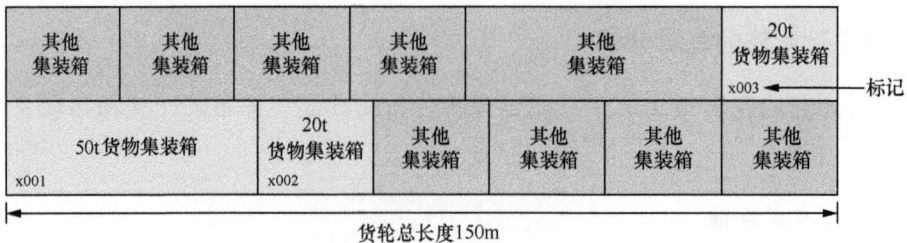

图 2-7 分布式存储增加货物

图中浅灰色为要用的集装箱，深灰色为其他集装箱，当增加货物时，直接在最后节点处增加即可，因为集装箱有专属认证，方便按顺序找到它们。

分布式存储可弹性扩展，只需要保障所有的节点连接到一个网络上就不会有所影响。

码头可以规定统一的标准，让所有的集装箱都按照这个标准来打造。这样，所有的集装箱是通用的，在标准的约束下，大大提高了装载量和查找效率。也就是说，分布式存储规定了统一的标准接口，实现了系统存储的标准化。

重点

分布式存储是将数据拆分为较小的颗粒后存储于标准服务器，只要数据在一个集群中，则对使用不会有任何影响，可通过网络按需访问集群内的数据，实现灵活弹性存取。

分布式存储的优点如下。

① 弹性扩展。

② 存储标准化。

③ 容灾与备份能力强。

④ 增加存储利用率，降低资源浪费。

◎分布式计算

分布式计算简单来说就是分开计算后汇总结果。

以一场抛硬币实验为例：硬币包括一元硬币、五角硬币及一角硬币，假设随机在地上丢 6 枚硬币，要求被试者分辨出一元硬币、五角硬币及一角硬币各有几枚，并计算出一共多少钱。被试者很容易就能分辨出来，例如，1 枚一元硬币，2 枚五角硬币，3 枚一角硬币，一共 2.3 元。但是，如果将硬币的数量增加到 100 枚，在这种情况下被试者很难凭记忆力来完成实验，而是需要动用一些工具，例如用笔记本记录，花一些时间还是可以勉强计算出来的。如果将硬币数量增加到 10 万枚，那么被试者将很难计算。

分布式计算如何处理该问题？

一个人处理不了，可以通过切分的能力，将 10 万枚硬币拆分成多份，每份的硬币数量都在一个人的计算能力内，由多个人同时处理。

每个人都将自己这份统计的结果记录下来，各有多少枚一元硬币、五角硬币、一角硬币，以及自己这份的总金额。

由专门的人整合所有人计算的结果，整合的时候也会遇到同样的问题，如果一个人负责整合，则要统计上千份的计算结果，工作量依然很庞大。这个整合工作也可以分给多个人整合，最后再进行一个总体的整合即可。分布式计算如图 2-8 所示。分布式计算先将数据切分成较小的单元，再分别计算并记录，最后将各单元的结果进行整合，统一输出。

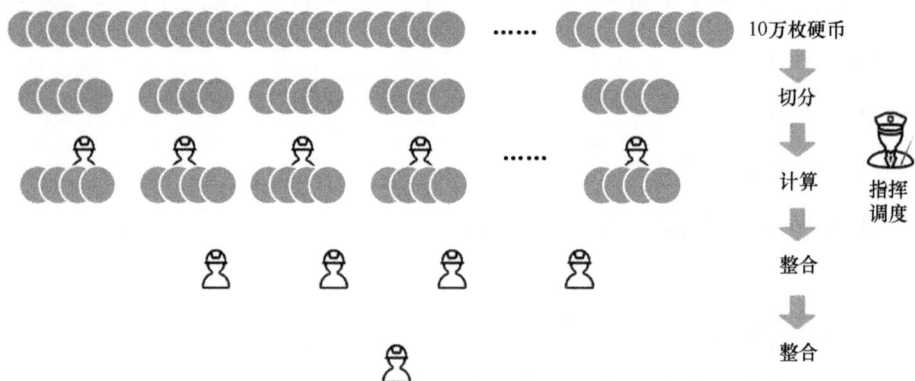

图 2-8 分布式计算

重点

综上，分布式计算在逻辑上并不复杂，难点在于负责整合的人如何有效地调度负责计算的人，若干个负责计算的人之间如何进行高效沟通等。

分布式计算的优点如下。

① 分布于多台计算机上计算，达到负载均衡。

② 弹性计算，稀缺资源可共享。

◎共享

京东有自己的京东物流，在大城市可实现当天下单，当天送达。但是并非所有京东物流商品都是京东自己的商品，为了保证物流的质量及速度，京东采用了京东仓库运营模式。京东仓库运营模式如图 2-9 所示。

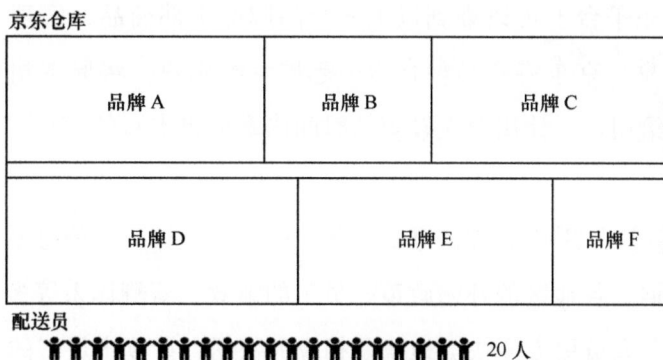

京东仓库

品牌 A	品牌 B	品牌 C

品牌 D	品牌 E	品牌 F

配送员

👥👥👥👥👥👥👥👥👥👥👥👥👥👥👥👥👥👥👥👥 20人

图 2-9　京东仓库运营模式

京东提供了京东仓库，每个品牌只要通过京东的审核就可以入驻京东仓库，入库后将由京东提供统一的配送，让用户享受京东服务。图 2-9 中的 6 个品牌 A、B、C、D、E、F 根据自己的需求租赁大小不同的仓库。

在这个模式中，京东提供了两个资源可供共享。

一个是仓库。让众多品牌共享一个仓库，用多少租多少，各品牌的货物之间进行隔离，避免放错。

另一个是配送资源。配送员会根据当天用户的购买情况给销售火爆的品牌增加配送员。

在这个例子中，京东仓库中的货物是共享的存储资源，配送员则是共享的算力资源，都为品牌方的入驻提供保障及便利。这样一来，京东聚焦于发展自己的物流仓库及配送能力，将自己的专业能力做强，吸引各品牌入驻，各品牌也可以聚焦于保证并提升自己的产品质量，不必为仓库及物流担忧。

云计算的共享资源是存储和算力，而云计算就是为云的用户提供这些能力。这使企业的受益模式发生转变，不用再自己建立仓库、维护配送员，只需要租用即可。对于更多的中小企业而言，这大大降低了使用成本，给云提供方及云使用方提供了极大的便利。

当然，京东案例还有第三个受益方，那就是京东的用户。用户在购买商品时在京东平台上可以查到以上6个品牌的全部商品，实现了信息对用户的全部共享。京东将商品整合后一起展示给用户，将原本相互独立的数据整体展现给用户，让用户在较短的时间内掌握更丰富的信息并快速做出购买决策。

对于云计算的用户而言，也是如此。例如，金蝶的云信息系统汇集了员工的考勤数据、各地区的补贴政策、员工的绩效、薪酬体系等多个业务方的数据，让财务人员更方便快捷地获取相应的数据，计算出员工的实发工资。

重点

· 云计算为用户提供了资源的存储及算力资源的共享。

· 共享存储资源，用多少租多少，可随时增加，并且能实现租户隔离。

· 共享算力资源，哪里需要去哪里。

· 平台完成了信息的共享整合。

· 共享使企业从自建模式转变为租用模式，大大降低了信息系统的使用成本。

共享分为两个方面：资源共享和信息共享。

① 资源共享是指将存储资源及算力资源共享给使用云的用户。共享存储以实现存储资源按需购买；共享算力以实现高峰期最优的算力分配，进而提

高利用率及性能。

② 信息共享是指将同一租户内不同业务的信息共享给同一个用户，以实现一个用户在一个平台内获取全部信息，更有助于用户决策。

☉ 云计算的应用

了解云计算的基本逻辑后，我们看看云计算是如何应用的。首先需要了解它的基本架构，也就是常说的 IaaS、PaaS、软件即服务（Software as a Service，SaaS）。

以"西红柿炒鸡蛋"为例，假如我想吃西红柿炒鸡蛋这道菜，它从准备到做成，程序和方式非常多。

IaaS 服务只给我们提供一块地，我们可以利用这块地种西红柿或养鸡下蛋，通过自己的一套养殖方法培育优良的西红柿。IaaS 提供的土地、工具实际上就是基础设施，其他内容需要用户自己配置，自由定义。IaaS 仅提供基础设施，而操作系统、数据库等内容均由用户自行选购。华为云、阿里云等提供的云服务一般以此种服务提供给 B 端（Business，企业）用户后，用户根据自己的业务自由搭建上层系统。

PaaS 服务就像我们去超市买菜，超市中有现成的鸡蛋，也有现成的西红柿，但是鸡蛋的品牌只有固定的几种，如果没有我们想要的品牌，则只能选择放弃。超市除了有鸡蛋和西红柿，还有很多其他蔬菜，例如土豆、白薯等，而我们做西红柿炒鸡蛋用不到，仅购买鸡蛋和西红柿即可。PaaS 提供了比 IaaS 更多的服务，提供了固定的操作系统、数据库及中间组件，用户可以在此基础上自由选择所需的模块，自行拼接成自己想要的产品。

在 SaaS 服务下，我们走进餐馆，直接点菜，服务员为我们端上来一盘热气腾腾的西红柿炒鸡蛋，我们直接食用即可。SaaS 中直接将 PaaS 的中间件打包后给用户，用户可以直接使用，使用更方便，使用成本更低。

IaaS、PaaS 与 SaaS 如图 2-10 所示。

图 2-10 IaaS、PaaS 与 SaaS

图 2-10 从技术层面介绍了 IaaS、PaaS、SaaS 的区别，核心是厂商提供的服务不同。

·IaaS：厂商提供了虚拟机、存储和计算能力，这些都是基础设施层的内容，在该基础上，对于使用什么操作系统、如何建立数据库，用户都可以自由选择。

·PaaS：厂商提供了更丰富的内容，包括数据库、操作系统、中间件等，这意味着厂商提供了一个基础平台，用户只能在这个平台上进行操作。

·SaaS：厂商提供了打包好的可直接使用的软件，用户拿来即用，不需要再做任何开发。

🕐 云计算的瓶颈

云计算存在以下 3 个瓶颈。

◎ 数据存储及传输限制

时至今日，每人每天平均产生 1.5GB 的数据。海量的数据要向中心云端上传和下载，对数据传输速率及存储量的要求越来越高，这成为云计算发展的一大瓶颈。

◎ 处理即时性限制

以无人驾驶汽车为例，其每秒需要上传 1GB 的数据，云端需要计算数据并将其返回到汽车端，随着道路上的汽车越来越多，云端服务器很难在极短的时间内处理完大量的数据，而无人驾驶汽车又需要极低的时延，否则很容易发生危险。

◎ 安全及隐私限制

信息采集设备越来越多，采集的信息更加隐私化。例如，我们刷手机的时候，手机会采集地理位置、相册或者我们经常浏览的内容，甚至一些个人隐私数据，另外，工业采集数据、医疗数据、政府数据等均存在需要严格保密的数据。数据如果要经过漫长的路径才能到达中央云端，则存在很高的安全隐患。

🕐 边缘计算登场

边缘计算的出现弥补了云计算的不足。例如，一家企业的总部设在北京，当这家企业要在南方城市开展业务时，就需要在成都、深圳等地设立分公司，快速打开南方市场，同时还省去了差旅费用。也就是说，边缘计算会设立很多个节点，紧挨数据的源头，这让数据传输的耗费更小，响应更快，成本也更低。

云计算与边缘计算如图 2-11 所示。

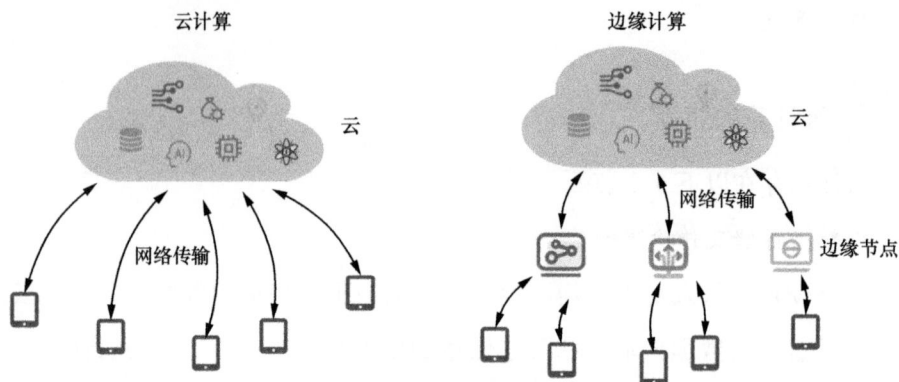

图 2-11 云计算与边缘计算

重点

· 边缘计算更靠近数据源,所以数据传输消耗更小,响应更即时。

· 每个边缘算力可以有自己的个性化扩展。

· 边缘计算能大大降低中心云端的计算负载和存储负载,减少维护成本。

· 隐私安全和容灾性更有保障。

"云、边、端"协同

边缘计算和中心云端各有分工,缺一不可,它们是相辅相成的关系,除此之外,还需要有人为它们收集数据和执行指令。

企业的运营需要很多员工才能运转起来,有人负责调研竞品,有人负责沟通客户,有人负责写代码。他们都是信息的来源及指令的执行者,我们可以称其为"端"。

一家成功的企业离不开优秀的管理者,也离不开每位员工的付出。因此,"云、边、端"协同发展才是王道。

"云"负责整体策略;"边"负责能力范围内需求的迅速响应,当不在范围内的计算出现时,依然需要"云"负责处理;而"端"负责收集数据或执行指令。

因为信息量的问题，"云"可以汇总所有"边"上传的信息，有足够的算力对其进行分析和优化，"云"擅长调度运营、战略规划、资源分配等。而"边"仅收集一小部分的数据，按"云"的策略直接对这一小部分数据进行处理和执行即可。当特殊事件不在"边"的处理范围内时，则由"云"进行处理。

"云、边、端"协同提供了更加安全稳定、更快响应、更低成本、更加高效的系统。在如今 5G 迅速发展、大数据爆发的时代，"云、边、端"协同发展的方式早已渗透我们的工作和生活。

在车联网领域，视觉摄像头、雷达、超声波、GPS 天线、方向盘、车轮等作为"端"，实时采集道路信息、位置信息、距离信息等，由车内计算机作为"边缘计算"进行即时响应，当发现车道偏离时，车内计算机可控制作为"端"的方向盘进行方向校正，当发现车轮压线时，车内计算机也可以进行预警提示。如果由"云"来处理，数据传输链路太长且数据量巨大（据统计，一辆自动驾驶汽车每天会产生 10TB 的数据），不仅成本高且计算效率大打折扣，难以应对道路上瞬息万变的交通风险。"云"的作用是收集响应历史数据以优化自身系统。最明显的一个改变是以前更新汽车系统要去 4S 店，现在随时就能更新。这就是"端"收集数据，"边"做出分析判断，"边"将重要信息提供给"云"，"云"进行迭代优化，将最新系统同步给"边"，由"端"执行指令。

在工业制造领域，各工业传感器作为"端"采集数据，并在工业现场配置边缘计算能力，且需要拥有较强的计算能力，保证零时延，做到自主监测，即时解决问题，最后将处理后的历史数据上传至"云"，进行存储、管理和优化。

在石油开采中，温度、压力、湿度等传感器作为"端"，各开采点都需要配备边缘计算能力，即时处理开采点传感器收集的数据。因各开采点的环境可能有极大的差异，故每个边缘计算能力会有个性化的偏向，最后由中央云端管理数据。

在智慧家庭中，手机、电视、采光设备、空调、冰箱等均可作为"端"收集数据并执行指令，每个家庭会配备家庭网关，当业主出门而窗户从外面被打开时，窗户的红外传感器作为"端"收到信息，将信息以零时延的速率传递给家庭网关，网关计算出当前家里无人，且窗户被打开，大概率为盗窃行为，即刻触发报警，联系户主、物业及派出所，最终将该次报警数据上传至云端。

重点

边缘计算由云计算孕育而生，边缘计算弥补了云计算的短板，但又离不开云计算，云计算也将逐渐依赖边缘计算，"云、边、端"协同现已逐渐探索出越来越多的应用场景，未来也必将成为主流的应用模式。

⚙ 2.2.5 人工智能

收 益

认知收益
· AI时代已经来临

知识收益
· 了解AI的基本概念及内在逻辑
· 了解当前AI相关领域的前沿探索
· 了解AI未来的应用蓝图

🕐 案例导入

早在2017年，AI就入选了"2017年度中国媒体十大流行语"，而在这项技术领域不断被发掘的今天，其应用早已渗透到我们的生活，从基础的指纹识别、人脸识别、机器视觉到高级的自动设计程序和博弈，AI的进步及其展示出的令人震惊的强大功能，让我们感受到科技的力量是无限的。

长期以来，我们一直认为使用机器翻译生成的文章远不如人工翻译出来的效果好，这也是无数学生下功夫学习英语的一个重要原因。不过，最近的对比发现，谷歌翻译的水平在这几年突飞猛进，大有赶超人类翻译的趋势。

有机构曾经对一篇文章分别进行中译英和英译中的实验，实验结果出乎意料，在谷歌翻译出来的英文中，人们发现，除有两三处小问题外，相关的英文表达读起来很通顺，意思也比较到位，甚至在译文中还出现了一些高级表达，让人产生一种这是人工翻译的错觉，但实际上它是用谷歌翻译的，英译中的准确度也很高，对于一个完全不懂英文的人而言，通过谷歌翻译来掌握文章大意已经绰绰有余。

"机器学习"的数据量越大，对相关指令解读的结果也就越准确。将来，随着深度学习算法的日趋优化及可学习文本的增加，机器翻译的质量会进一步提升，直至接近正常人工翻译的水准。

我们从中不难看出，AI 在未来会因为更强的算力和更加灵活的算法而进化成我们解决问题的利器，但是从谷歌翻译这一切口来看，AI 如果想在未来衍生出人类灵活思考的能力，也会面临相当大的考验，关于这一可能性的认知差别也是目前导致 AI 分为强 AI 和弱 AI 两个流派的主要原因。强 AI 认为有可能制造出真正能推理和解决问题的智能机器，并且，这样的机器被认为是有知觉的、有自我意识的；弱 AI 则认为这些机器只不过看起来是智能的，但并不是真正智能，也不会有自主意识。

目前，AI 主流的科研集中在弱 AI 上，并且在这一研究领域已经取得可观的成就。而强 AI 的研究则处于停滞不前的状态。我们不能否认强 AI 出现的可能，但是我们应该知道二者并不是完全对立的。换句话说，即便强 AI 在未来出现，弱 AI 也依然有其存在的意义。

⊙ AI 的发展历程

第一代 AI，也被叫作符号 AI，之所以这么说，是因为第一代 AI 提出了符号模型，通俗点说就是以知识经验为基础的推理模型，这是 AI 的第一个重大突破。基于知识与经验的符号推理模型如图 2-12 所示。

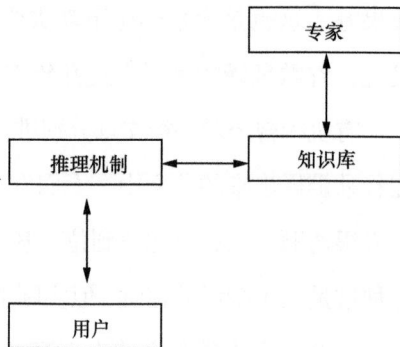

图 2-12　基于知识与经验的符号推理模型

从图 2-12 中可以看出，第一代 AI 的推理机制是建立在用户经验及专家所构建的知识库上的，这样的优势很明显，因为它解决问题时所用到的推理过程是模仿人类的、可解释的，但是局限性也非常大，因为人类的知识和经验很难准确地向机器表达，机器语言毕竟不同于人类交流所用的自然语言，这也导致第一代 AI 初期的应用是很有限的。

第二代 AI 的一个重要的成果就是深度学习。深度学习的载体是神经网络，在神经网络的输入层输入数据，这些数据的形式可以是多样的，既可以是文本，也可以是图片或者其他形式，中间的隐藏层按照一定的学习规则学习这些数据，从而在输出层得出结果。当我们对学习结果不满意时，可以考虑重新调整学习规则，直到其按照预想的结果输出。神经网络结构如图 2-13 所示。

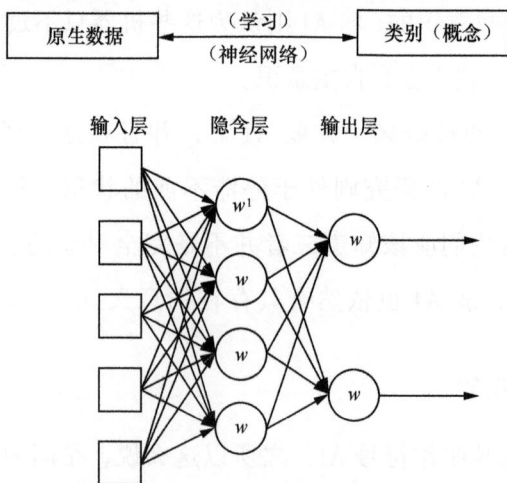

注：1. w 表示权重系数，可通过不断调整权重系数以接近预期输出。

图 2-13　神经网络结构

深度学习之所以在第二代 AI 中受到重视，主要是因为当增加网络层次以后，会产生两个重大变化：第一个变化是输入层只要原始数据，不需要进行预处理；第二个变化是学习性能提高，人类不必再向其输入已有的知识和经验并进行分析和推理，这就形成了深度学习的重大突破。也就是说，它获取知识的途径从人类输入经验转变成自主学习数据，这大大降低了对相关领域的知识要求，提高了适用性。

大家目前所期望的是迈向第三代 AI。第三代 AI 是安全的、可信的、可用的，会促进 AI 的创新应用。尽管 AI 的发展极为复杂，但只有不断往前推进，才能在未来大有可为。

⊙ 热潮降温

尽管人类从来没有中断过如何创造智能机器的思考，但是 AI 的发展并不是一帆风顺的，AI 说到底是用计算机程序来模拟人类的智能，而在这个过程中有两个很关键的特点，一个是高度依赖数据，另一个是高度依赖规则。这两个特点使 AI 的应用存在局限。

例如，在医疗领域，AI 不断"理解""推理""学习"，对数据具有高度依赖性，而当这些数据出于商业利益的目的而被保护起来时，AI 的局限性也就开始凸显。

AI 高度依赖于规则。目前的 AI 属于弱 AI，它们解决问题的方式只有一种——根据命令行事，也就是遵守人类为其定下的规则。

例如，我们为一个羽毛球机器人设定的接球规则只针对场上有一个球的情境，当场上同时出现两个或者更多球的时候，羽毛球机器人就会不知所措，因为这不符合当初所定下的规则，在羽毛球机器人的程序里并不会凭空出现指导它应对这种情境的命令。面对许多复杂的情景，人类定下的规则细致且烦琐，存在既定规则无法很好地应对复杂多变环境的局面。

⊙ 不容小觑

AI 现如今所展示出来的成果，让我们对它的魅力不容小觑。

由斯坦福大学医学院、斯坦福大学 Thrun 实验室组成的一个跨学科联合研究团队曾在《自然》杂志上发表了题为《达到皮肤科医生水平的皮肤癌筛查深度神经网络》的文章，该联合研究团队开发出一个皮肤癌诊断准确率媲美医生的 AI 系统。该联合研究团队通过深度学习的方法，用近 13 万张痣、皮疹和其他皮肤病变的图像训练机器识别皮肤癌的症状，在与 21 位皮肤科医生的诊断结果进行对比后，他们发现这个 AI 系统的诊断准确率与医生不相上下，达到 91% 以上。

李斯特奖章得主、知名脑外科医生杰弗里·杰斐逊在 1949 年的获奖致辞中提出了这样的观点："除非机器能够凭借思想和情感写出一首十四行诗，或者谱出一部协奏曲，而且这些作品都不是符号的随意拼凑，否则我们是不会承认机器可以等同于人脑的。"

如果从现在的技术角度来看，这位医生可能要大吃一惊。例如，清华自然语言处理与社会人文计算实验室开发的"九歌"（人工智能诗歌写作系统）就能写出文采很高的文艺作品。以下面两首诗为例，哪一首是"九歌"所写的呢？

白云生处起高峰，鬼斧神工造化成。古往今来谁可上，九重宫阙握权衡（以云峰为主题）。

飞花轻洒雪欺红，雨后春风细柳工。一夜东君无限恨，不知何处觅青松（以春雪为主题）。

答案是第二首。事实上，只需要在"九歌"里输入"春雪"，它就能写出几乎可以以假乱真的诗。即使是拥有一定创作经验的作者，要区分这种比较高明的机器诗也是有一定困难的。由此可知，现如今，AI 所能做到的不是词汇语意不通的生硬堆砌，而是能够做一些"类艺术活动"。

这一切都源于 AI 强大的学习能力，而在这一点上体现最明显的当属著名的 AlphaGo，2016 年 AlphaGo 横空出世，它在花费几个月的时间学习了几百万册人类棋谱后，以 4∶1 的比分打败了围棋冠军李世石，改变了围棋领域的格局。而仅过了一年，它的"弟弟"AlphaGo Zero 凭借自身更加强大的学习能力，以 100∶0 的比分完胜了"哥哥"AlphaGo Lee，再次刷新围棋领域的排名。值得注意的是，AlphaGo Zero 是在没有任何人输入经验的情况下自学成才的，而且，从"一张白纸"到"顶级高手"，它仅花费了短短 3 天的时间，并且在 40 天后，它就打败了 AlphaGo 此前的所有版本。

由此不难看出，如今的 AI 已经跨越到一个新的阶段，其学习速度和学习能力足以令人惊叹，世界上最年轻的四冠王柯洁也曾发文感叹："一个纯净、纯粹自我学习的 AlphaGo 是最强的……对于 AlphaGo 的自我进步来讲……人类太'多余'了。"确实，对于仅用 3 天就能够自学成才的 AlphaGo Zero 来说，人类很难不产生一种仰望敬畏的心理，也正因为如此，AI 的未来才更加值得我们期待。

☉ 未来图景

◎人体数字孪生

在当前的网络条件下，数字技术对人体健康的监测主要应用于身体指标监测和显性疾病预防等方面，实时性和精准性有待进一步提高。随着 6G 的到来，以及生物科学、材料学等交叉学科的进一步成熟，在未来有望实现完整的人体数字孪生。

简单来说，人体数字孪生是指大量智能传感器在人体广泛应用，对重要器官、神经系统、呼吸系统、肌肉骨骼、情绪状态等进行精确实时的镜像映射，形成一个完整人体在虚拟世界的精确复制品，进而实时监测人体个性化健康数据。医生可以结合核磁、CT、彩超、血常规等专业的影像和生化检查结果，利用 AI 技术对个体提供健康状况精准评估和及时干预。人体数字孪生能够为专业医疗机构下一步的精准诊断和制定个性化的手术方案提供重要参考。

◎新型智慧城市

目前，由于不同的基础设施往往由不同的部门分别建设和管理，城市公共基础设施的信息感知、传输、分析、控制处于各自独立的状况，一旦出现故障，难以厘清是谁的职责，进而大大降低解决问题的效率。

而在 AI 深度融入 6G 的情景下，未来或许会构建一个统一的智能化城市管理平台，基础的管理部门及维护部门都交由 AI 来负责，所有的 AI 统一接入城市管理网络，以便实现大规模部署和自动维护。通过外部检测设备的反馈，AI 机器人可以实时得到关于城市里所有设施的运行及故障情况并进行派遣运维，而我们只需要定期监测机器的执行情况即可。

◎智能工厂

相较于 5G，6G 拥有按需服务、网络灵活、内生智慧、数字配对等特点。6G 的传输速率可达到 5G 的 50 倍，时延缩短到 5G 的十分之一。借助这些优势，我们可以实时采集工厂内的车间、机床、零部件等运行数据，然后利用 AI 对数据的强大学习处理能力，在终端侧直接进行数据监测。与此同时，AI 能够实时下达执行命令，控制智能工厂的所有终端直接进行数据交互。

形象地说，6G 下的 AI 为工厂内部设置一个虚拟的人工"大脑"，这个"大脑"会存储所有设备和产品的信息，通过它，我们能够使工厂里任意两个设备之间直接进行数据传输及操作上的协同。例如，当原材料不足时，"大脑"可以直接反馈给运输链上的机器人补给，缩短了反应时间，提高了生产效率。

✿ 2.2.6　区块链

收 益

认知收益
- "唯一性"和"源头真实性"的统一，能实现区块链线上、线下数据由分离走向统一
- 信任缺失的地方最需要区块链

知识收益
- 区块链的五大特性
- 区块链经典的案例及应用场景
- 了解发展区块链的重要性

⊙ 什么是区块链

区块链即先进加密技术下的一种分布式的数据库，也被称为重塑传统商业逻辑与信任机制的"超级账本"。

为什么叫"超级账本"？答案在于区块链拥有五大特征——"去中心化"、多点共识、公开透明、去信任化和匿名性。

◎ "去中心化"

中心化和"去中心化"如图 2-14 所示。A 与 B 结婚，谁来证明他们的夫妻关系呢？民政局会开一个"结婚证"的法律文书，并且把夫妻的婚姻信息录入集中的信息管理系统。

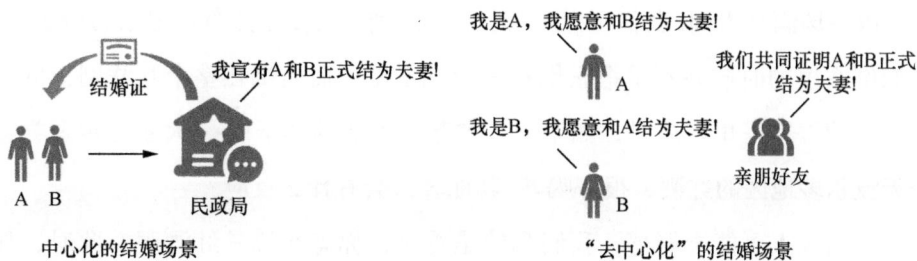

图 2-14　中心化和"去中心化"

但是在古代没有民政局，古人结婚是靠什么来证明呢？在西方，人们会把这一对年轻人带到教堂，在人们的见证下宣告誓言；而我国古代就是举行婚宴，邀请街坊四邻、亲朋好友，见证他们的美好姻缘，这就是"去中心化"。

重点

·"去中心化"是区块链技术的颠覆性特点，它不需要中心化代理即可实现点对点的直接交互，这也使高效率、大规模、无中心化代理的信息交互方式成为现实。

传统的"去中心化"存在固有的问题。以上述的传统婚礼为例，仅仅由亲戚朋友们证明婚姻，在时间上是缺乏延续性的。

因此，区块链提供的策略是要求所有参加婚礼的人都把"A 和 B 结为夫妻"这件事记在自己的本子上，并且盖上婚宴的公章，这就实现了信息在"去中心化"网络上的分布式加密存储。

这也是区块链被称为"超级账本"的原因。它不把账目存在一个服务器上，而是存在整个互联网成千上万的节点上，我们把它叫作分布式账本技术。

◎多点共识

多点共识即区块链中的每个节点通过共识机制保证账本数据在全网中达成共识。

以一场酒会为例，我们可以把要记的账视作香槟，在分布式记账的情景中，我们倒香槟的时候并不是把它倒在一个杯子里，而是倒在整个互联网上的一个巨大的香槟塔里。这时，如果主人拿起最上面的杯子说："大家一定要尝尝今天波尔多地区的红酒，很好喝。"其他客人会有什么反应？

其他客人可能会疑惑，我们拿的是香槟，你怎么说是红酒呢？此时，如果主人想挽回声誉，那么他就需要把所有人杯子的里香槟都换成红酒。

这可能吗？杯子越多越不可能。香槟塔中的杯子（"去中心化"节点）不仅存在于一个地方，而是存在于成千上万个地方，它不易被篡改，这就实现了信息的可信存储。

但这种存储方式还存在另一个问题，即个别新加入的杯子被人换成红酒、威士忌，或者被倒空，那么香槟塔的杯子里，有的是香槟、有的是红酒、有的是威士忌，哪个才是正确的呢？

在这种情况下，区块链选择采用共识机制对香槟塔中新加入的杯子进行验证。一种最经典的共识机制就是"拜占庭将军检验"（来源于东罗马帝国的将军们要达成一致才能行动的、一个少数服从多数的共识机制）。简单来说，区块链一旦发现各个数据有差异，就会执行"拜占庭将军检验"进行比对，检查多数杯子里装的是什么东西？如果大多数是香槟，那么区块链就会自动把其他杯子中的酒换成香槟。因此，"拜占庭"算法保证了区块链新记录数据的一致性、不易被篡改。

> **重点**
>
> ·多点共识是区块链技术的核心特征，也是区块链"去中心化"架构的运行机制。
>
> ·"去中心化"节点通过共同投票，少数服从多数，达成多点共识、实现互信，这也保证了记账节点存储数据的不易被篡改、准确及可信，由此区块链得以顺利运行。

◎公开透明

★ 数据的公开透明

在区块链中，个人的身份是用密码学来隐藏的，只能通过他们的公共地址来表示。例如，当你在查询某人的交易记录时，你看不到"用户 A 从自己的 62.69 个 BTC[1] 中分别转给了用户 B 和 C 0.048 和 0.498BTC，然后把剩下的 62.144BTC 转给了自己"，只会看到"1H6ZZpRmMnrw8ytepV3BYwMjYYnEkWDqVP"一系列代码。这就是匿名性的体现。

这样，区块链所记录下来的交易不仅保护了个人隐私，而且也把信息本身的流转写到了族谱上，任何存取者都可以轻易地看到信息的来源与历程。区块链高度透明的特征意味着信息可全链溯源。信息可以被追溯，不仅大大提升了信息的可信度，也凸显出信息的价值。

以食品制造业为例，透明化的生产流程能够避免来源不明的原材料混充事件，也能够规避卫生状态不佳的问题工厂，以此减少了食品的安全风险。在供应链中，结合物联网，食品配送环境等相关供应链能得到实时动态的监控。由此，从成品到原材料的全链透明，不仅让大众获得了可信度极高的信息，也让商家必须按照高度透明的标准生产。

★ 架构的公开透明

区块链的透明性体现在它从比特币（区块链 1.0）、以太坊（区块链 2.0）到企业操作系统（区块链 3.0）演进过程中的"架构逐步实现公开透明"。

重点

•公开透明是让区块链普及化的关键动力，架构的公开透明让人人参与"去中心化"应用的集成开发，数据的公开透明则让区块链成为产品溯源、版权保护、商业交易等信任缺失场景中的"杀手级"应用。

1　BTC：Bitcoin，一般指比特币。

◎去信任化

《经济学人》杂志将区块链称为重构人类信任的机器。区块链的应用就好比我们在马路上安装了摄像头，因为违规有惩罚，闯红灯的人自然而然地减少了。在商业场景中，去信任化会让交易成本显著下降，因为我们不用再考虑对方会不会骗我，所有东西都公开透明、可查询、可溯源。交易的任何一方一旦产生了欺诈行为，区块链就会对链上的所有人广而告之。

因此，去信任化最终消除了商业场景中的信息不对称问题。具体来说，区块链上交易的实现以密码学为基础，而不是基于对传统可信第三方的依赖，因此减少了很多信息不对称带来的管理难题，例如寻租、舞弊、欺诈、信息泄露等。

◎匿名性

区块链具有匿名性。例如，美国打造了一个医疗区块链平台，病人在不同科室做完检查后，他的病历被发送到平台上，他可以选择某个医生为他看病，然后由医生为他开具处方、制定治疗方案，但医生可以完全不知道他是谁，因为病人有权不让医生知道他的信息。区块链的匿名性可以很好地保护病人的隐私。

区块链的匿名性所产生的影响包括两个方面：一方面，匿名性为逃避监管、转移财富和黑市交易提供了机会，因此加剧了投机交易的产生；另一方面，匿名性也能够解决数据产权的回归问题，形成不同级别的隐私保护，这一特性在医疗大数据、投票、选举、艺术品拍卖中均有广泛应用。

⏱ 核心：信任缺失的地方最需要区块链

在区块链出现之后，很多人都在滥用"去中心化"，认为什么都需要"去中心化"进行重构，这是错误的。区块链"去中心化"的逻辑应该用在那些具有信任缺失痛点的领域，或者中心化导致效率低下的领域。

发票作为一种会计原始凭证，涉及财务、生产、运营多个系统的配合，跨越多个金融、财务、税务融合的场景，传统方式的协同性较差。电子发票可以复制和重复打印，人们难以识别真伪，财务监管的难度大，验证手段过于原始，这些都是发票的巨大痛点。

区块链技术为解决这类难题提供了一条路径。在用户层面，区块链优化了手续烦琐的问题，"交易即开票，开票即报销"大大提升了用户的体验；在企业层面，对比传统电子发票，区块链可以解决无法批量查询发票的真伪、开票成本高等问题；在税务局层面，区块链则可以避免长期存在报销无状态、中心化存储、参与方割裂等问题。

⊙ 区块链是未来数字经济的基础设施

一直以来，互联网作为关键技术支撑了数字经济的发展，过去它的功能是连接与匹配。现在，区块链在基础层增加了与价值有关的功能，包括价值表示和价值转移。区块链可能成为未来的价值交易基础设施，为数字经济带来全新的可能。

区块链和我们迄今所知的互联网是同构的。互联网产业、"互联网 +"、"共享经济"的发展都表明，互联网不只是相关技术的进步，它还带来了产业的变革。

区块链是一种比现有数据库更好的分布式账本技术，从一开始，区块链就是处理价值的（价值表示和价值转移），它可能衍生出众多的价值交易应用，成为价值交易的基础设施，并最终惠及个人、产业与经济。

总体来说，区块链的未来是把我们从信息互联网带向下一个时代——价值互联网。正如《人类简史》作家尤瓦尔·赫拉利所说，技术从来不是决定主义的，我们可以用同样的技术突破去创造截然不同的社会和境况。

⚙ 2.2.7　AR/VR/MR

收　益

认知收益

· VR、AR、混合现实（Mixed Reality，MR）是融合了多种技术的虚实融合的概念，将为企业提供一双数字化的"眼睛"，让工业流程可视化，让培训教育更沉浸，让市场销售更高效

知识收益

· AR是对现实场景的数字化信息补充
· VR是利用数字化能力创造虚拟世界，提升体验
· MR是利用数字化能力附着于现实场景，实时交互，既有信息补充又有真实体验

⊙ 案例导入

2022 年北京冬奥会期间，众多"黑科技"亮相，其中 AR 和 VR 大放异彩。

在直播方面，央视视频首次推出了 VR 直播，可以观看冰壶、冰球等多项赛事，共约 590 场比赛。

在举世瞩目的开幕式中，96 片写着各个国家名字的雪花在空中飞舞的画面，以及奥运会五环破冰而出缓缓升起的画面，虚实结合，让大家叹为观止。这两项节目都是通过 AR 技术实现的。AI+AR 技术实现了 AR 实景导航，将路线标识与真实道路融为一体，摆脱了传统地图找路难的烦恼。

北京冬奥会是一个向世界展示我国通信技术发展的绝好时机。AR/VR 等先进技术不仅为观众带来了焕然一新的感官体验，也为企业的数字化转型打开了技术应用的新视野和新思路。

VR、AR 和 MR 如图 2-15 所示。

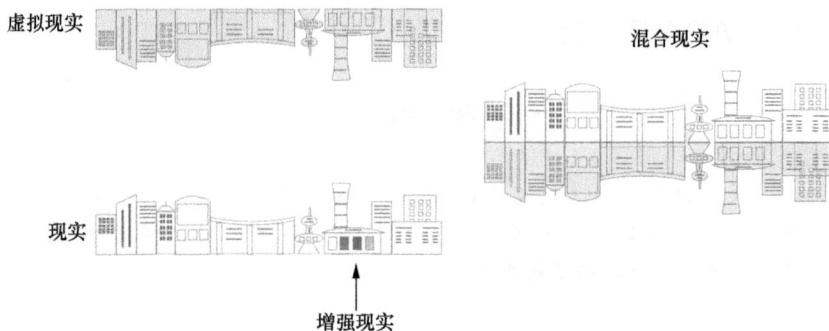

图 2-15　VR、AR 和 MR

3 个概念都是基于一个共有名词衍生而来的，这个词就是"现实"，上图中浅色的城市代表我们真实看到并感受到的现实世界。

◎ AR

AR 就是在现实世界中增强了人们的感知。以现有技术来说，大多数只能在视觉层面进行增强。AR 是对现实世界中信息的补充。例如，在医疗中，医生通过"透视设备"可以直接看到我们身体内的器官位置，或是否存在异物；用手机拍摄某个地点，画面中会出现地图的方向引导指示，指引人们到达目的地，这也是在现实世界补充了一个"路标"信息。

AR 更多是对现实世界视觉信息的增强。AR 基于真实场景，在真实场景中投射数字影像，以丰富视觉效果为主。

◎ VR

VR 与"现实"无关，但是它另辟蹊径，创建了另一个世界，只不过这个世界是存在于网络之中的。用户可以通过穿戴 VR 设备，进入虚拟世界。最初，人们只能用眼睛看到这个虚拟的世界，但随着 VR 技术的发展，VR 设备更加丰富，人们可以全方位地在虚拟世界中获得沉浸式体验。

虽然 VR 是与现实脱离的，但是却大大增强了用户的真实体验，例如 VR 看房、VR 课堂等。

VR 虽然与现实世界完全不同，但可以基于现实的逻辑创造虚拟世界，并能给予用户更真实、沉浸的体验。

◎ MR

MR 是将"现实"和"虚拟现实"相结合，虚中有实，实中有虚，虚实结合，共同创造出一个全新的感官世界。

MR 汲取了"虚拟现实"的能力，即强交互，我们可以和"混合现实"中的任何场景进行交互。例如，龙图腾的墙上有一个奇妙的开关，按下后就会打开"新世界"的大门。因为真实的墙上确实有个按钮，只是在 MR 设备中增加了虚拟场景的特效。

MR 可以基于现实场景，利用 AI 技术及建模能力，实时渲染场景。

重点

· 现实是我们感知的真实世界。

· VR 创造了完全虚拟的世界，在我们穿戴 VR 设备后可以拥有非常真实的感官体验。

· AR 是在现实世界中利用数字化能力丰富视觉内容，但以信息补充为主，缺少交互。

· MR 基于现实场景实时渲染虚拟画面，既有对现实世界的信息补充，也有与现实世界真实的交互。

2.3　数字化蓝图——《"十四五"数字经济发展规划》

收　益

认知收益

· 《"十四五"数字经济发展规划》为国家的数字化转型描摹了宏伟蓝图

收 益

- 了解《"十四五"数字经济发展规划》打造数字经济优势的途径
- 了解《"十四五"数字经济发展规划》下数字社会的内涵
- 了解《"十四五"数字经济发展规划》如何提高数字建设水平
- 了解《"十四五"数字经济发展规划》营造良好数字生态的意义

《中华人民共和国国民经济和社会发展第十四个五年规划和 2035 年远景目标纲要》中强调"建设数字中国，加快数字化发展"，而这一规划也恰恰描摹了当前社会数字化转型发展的蓝图，为我们指明了未来数字化发展的方向。

这一蓝图有助于加深企业对于数字化的认知，对企业的数字化转型起到了一定的指导作用。

"十四五"规划中把数字中国的构建分为打造数字经济新优势、加快数字社会建设步伐、提高数字政府建设水平和营造良好数字生态 4 个部分。我们用"是什么""为什么""怎么做"的思路进行解读。

✿ 2.3.1　打造数字经济新优势

加强关键数字技术创新应用。聚焦高端芯片、操作系统、AI 关键算法、传感器等关键领域，加快推进基础理论、基础算法、装备材料等研发突破与迭代应用。加强通用处理器、云计算系统和软件核心技术一体化研发。加快布局量子计算、量子通信、神经芯片、DNA 存储等前沿技术，加强信息科学与生命科学、材料等基础学科的交叉创新，支持数字技术开源社区等创新联合体发展，完善开源知识产权和法律体系，鼓励企业开放软件源代码、硬件设计和应用服务。

加快推动数字产业化。培育、壮大 AI、大数据、区块链、云计算、网络安全等新兴数字产业，提升通信设备、核心电子元器件、关键软件等产业水平。构建基于 5G 的应用场景和产业生态，在智能交通、智慧物流、智慧能源、智慧医疗等重点领域开展试点示范。鼓励企业开放搜索、电商、社交等数据，发展第三方大数据服务产业。促进共享经济、平台经济的健康发展。

推进产业数字化转型。实施"上云用数赋智"行动，推动数据赋能全产业链协同转型。在重点行业和区域建设若干国际水准的工业互联网平台和数字化转型促进中心，深化研发设计、生产制造、经营管理、市场服务等环节的数字化应用，培育发展个性定制、柔性制造等新模式，加快产业园区数字化改造。深入推进服务业数字化转型，培育众包设计、智慧物流、新零售等新增长点。加快发展智慧农业，推进农业生产经营和管理服务数字化改造。

⊙ 是什么

数字技术与电子计算机技术、通信技术等相伴相生，它随着社会发展的需求应运而生，是一种可以将各种信息（信息载体可以是图、文、声、像等）转化为计算机可以识别的语言进行运算、加工、存储、传递和分析的技术。在数字经济时代，数字技术主要包含大数据、云计算、AI、物联网、区块链、5G、边缘计算等。

⊙ 为什么

强调数字技术创新的重要性不单单在于它是国家科技创新能力的体现，更重要的是它与"数字产业化"和"产业数字化"都息息相关，是数字经济发展的关键。

因为很多数字技术本身不能创造商业价值，但是它们可以介入市场孵化成一个产业来创造商业价值，例如，物联网市场需要很多技术支撑，这些技术单个使用不能产生价值。

技术不是一个行业，但技术却可以带来商机，发展成一个非常大的市场。

将原本单薄的数字技术转变为有发展空间的行业形态，从而最大化地发挥其商业价值。这就是要发展"数字产业化"的原因。

产业的数字化可以理解为传统产业的数字化转型，这是和我们密切相关的。例如，汽车制造业是一个很传统的行业，但是在当下这个数字化时代，这些传统企业怎么做才能跟上时代发展的步伐？怎样才能转型升级？

答案就是这些企业可以应用数字产业化产品来提高生产或者服务的效率。例如，生产汽车配件时，运用 AI 中的机器视觉代替常规的人眼质检；新零售通过与线上售卖平台的互通，借助大数据提供的用户画像提升用户的购买体验。

这些都是"十四五"规划中推进产业数字化转型所提及的"上云用数赋智"行动的体现；"上云"是探索推行适用于大众企业的云计算服务，例如阿里云的云平台服务；"用数"是更深层次地推进大数据的融合应用，例如零售业用户画像的应用；"赋智"则是加大对企业的智能化改造，尤其是推进 AI 与实体经济的融合，例如制造业的机器质检。

☺ 怎么做

"十四五"规划在打造数字经济优势时，在落地到各个地方时被拆分成更加具体的政策鼓励，既有产业基地的搭建，也有资金投入上的帮扶。

在推进数字技术创新与应用方面，以福建省为例，在"十四五"规划的指引下，福建省先后搭建了多个数字经济创新发展试验区，在试验区内推动集成电路、工业软件、网络通信等基础技术进入中高端产业，并提供资金支持，帮助以物联网、大数据、云计算等技术为核心的优势产业发展。

在数字产业化方面，以北京市为例，北京市建立数字贸易试验区，在数据跨境流动、软件实名认证、数据产品进出口等方面先行先试，并以此吸引一批海外运营商在京设立合资企业，共同培育一批具有全球引领性的数字产业。

在产业数字化方面，以浙江省为例，浙江省在"十四五"规划的号召下，鼓励企业利用互联网整合线上、线下的资源，推出数字赋能产业升级的相关鼓励政策。例如，在支持工业数字化改造方面，对经专家评审认定列入数字化、智能化改造的工业项目，在经过专家验收后，对其实际投资金额在100 万～ 300 万元的项目，按实际新增设备投资的 15% 给予资金支持。在这样的扶持政策下，产业数字化的推进速度将大大加快。

⚙ 2.3.2　加快数字社会建设步伐

提供智慧便捷的公共服务。聚焦教育、医疗、养老、抚幼、就业、文体、助残等重点领域，推动数字化服务普惠应用，持续提升群众的获得感。推进学校、医院、养老院等公共服务机构资源数字化，加大开放共享和应用力度。推进线上、线下公共服务共同发展、深度融合，积极发展在线课堂、互联网医院、智慧图书馆等，支持高水平的公共服务机构对接基层、边远和欠发达地区，扩大优质公共服务资源的辐射覆盖范围。加强智慧法院建设。鼓励社会力量参与"互联网＋公共服务"，创新提供服务模式和产品。

建设智慧城市和数字乡村。以数字化助推城乡发展和治理模式创新，全面提高城市各部分的运行效率，打造城市宜居度。分级分类推进新型智慧城市建设，将物联网感知设施、通信系统等纳入公共基础设施统一规划建设，推进市政公用设施、建筑等物联网应用和智能化改造。完善城市信息模型平台和运行管理服务平台，构建城市数据资源体系，推进城市数据大脑建设。探索建设数字孪生城市。加快推进数字乡村建设，构建面向农业农村的综合信息服务体系，建立涉农信息普惠服务机制，推动乡村管理服务数字化。

构筑美好数字生活新图景。推动购物消费、居家生活、旅游休闲、交通出行等各类场景数字化，打造智慧共享、和睦共治的新型数字生活。推进智慧社区建设，依托社区数字化平台和线下社区服务机构，建设便民、惠民的智慧服务圈，提供线上、线下融合的社区生活服务、社区治理及公共服务、智能小区等服务。丰富数字生活体验，发展数字家庭。加强全民数字技能教育和培训，普及提升公民数字素养。加快信息无障碍建设，帮助老年人、残疾人等共享数字生活。

是什么

◎ "互联网＋公共服务"是什么

"互联网＋公共服务"是利用现代发达的互联网技术使向公众提供的基础服务更加智能化，提高公众的使用体验和满意度。例如，在教育服务方面，我们利用 5G 实现更高清的在线课堂；在医疗服务方面，我们利用人工智能辅助医生进行常规诊断。

◎ "智慧城市"是什么

"智慧城市"是指利用各种信息技术，打通、集成城市的系统和服务，提升资源的运用效率，优化城市管理和服务，改善市民的生活质量。智慧城市包含很多方面，"互联网＋公共服务"也是智慧城市的有益尝试之一。

以智慧交通为例，我们可以整合道路收费系统、智能交通卡系统、数字化交通智能信息管理系统等多种平台的数据，及时为公众提供交通疏导、出行提示，以及应急事件处理平台。不仅如此，我们还可以依赖分析结果优化城市路网，为城市的道路规划决策提供支持。智慧城市还包括智慧医疗、智慧能源、城市环境管理等多个方面。

在智慧城市方面，"十四五"规划中提到要推进"城市大脑"的建设，所谓"城市大脑"就是整个城市的智能中枢，可以对整个城市进行全局实时分析，利用城市的数据资源优化调配公共资源。例如，智慧医疗、智慧交通、智慧能源这些模块的发展就像是给城市装上了可穿戴设备，而这些可穿戴设备是分散的，无法与其他部分联动，而"城市大脑"就像是给城市装上了CPU，使这些设备之间可以协同、交互。智慧城市的构建将从宏观层面上整体把控和优化城市的资源、环境及居民服务。

◎ "数字乡村"是什么

数字乡村除了要像智慧城市一样完善新一代信息基础设施（例如，加快推动农村水利、公路、电力等传统基础设施的数字化），还涉及农业生产数字化，要把种植业、畜牧业、渔业的数字化改造作为主攻方向，推进现代信息技术与农业农村各领域、各环节深度融合应用，例如智慧农田、智慧牧场，优化和改善乡村产业发展和生活方式。

🕐 为什么

数字化转型必须坚持社会属性，数字社会必须代表大多数人的总体利益，满足民生领域的共同需求，"十四五"规划加快数字社会建设的目的也正是利用数字技术造福人民群众。无论是"互联网＋公共服务"，还是"智慧城市"与"数字乡村"的积极建设，都旨在提高利用数字技术保障和改善民生的可及性、便利性、普惠性、时效性，增强人民群众的获得感、幸福感和安全感。

🕐 怎么做

在智慧城市方面，北京市旨在打造世界级的智慧城市。例如，北京市推出集合各种服务的"北京通"，同时建立了"北京通"虚拟卡，用 12 位码对应身份证号，在进行一次性身份识别之后，集成相应的功能，利用智能手机就能快捷使用日常生活中的各种公共服务。

在数字乡村的智慧农业方面，江苏省丰县积极推动信息技术与农业农村全面深度融合，采用"互联网＋设施农业"模式，以及大数据、物联网、AI等现代技术，打造了数字化农牧场管理平台，利用智能传感器采集畜牧和作物生长的大数据，建立本地域畜牧和作物生长模型，为畜牧和作物提供最优化的管理。

🔧 2.3.3　提高数字政府建设水平

加强公共数据开放共享。建立健全国家公共数据资源体系，确保公共数据安全，推进数据跨部门、跨层级、跨地区汇聚融合和深度利用。健全数据资源目录和责任清单制度，提升国家数据共享交换平台功能，深化国家人口、法人、空间地理等基础信息资源的共享利用。扩大基础公共信息数据安全有序开放，探索将公共数据服务纳入公共服务体系，构建统一的国家公共数据开放平台和开发利用端口，优先推动企业登记监管、卫生、交通、气象等高价值数据集向社会开放。开展政府数据授权运营试点，鼓励第三方深化挖掘的利用公共数据。

推动政务信息化共建共用。加大政务信息化建设统筹力度，健全政务信息化项目清单，持续深化政务信息系统整合，布局建设执政能力、依法治国、经济治理、市场监管、公共安全、生态环境等重大信息系统，提升跨部门协同治理能力。完善国家电子政务网络，集约建设政务云平台和数据中心体系，推进政务信息系统云迁移。加强政务信息化建设快速迭代，增强政务信息系统快速部署能力和弹性扩展能力。

提高数字化政务服务效能。全面推进政府运行方式、业务流程和服务模式数字化、智能化。深化"互联网 + 政务服务"，强化全流程一体化在线服务平台功能。加快构建数字技术辅助政府决策机制，提高基于高频大数据精准动态监测预测预警水平。强化数字技术在公共卫生、自然灾害、事故灾难、社会安全等突发公共事件中的应用，全面提升预警和应急处置能力。

⊙ 是什么

数字政府可以理解为传统政府机构的数字化转型，是现有信息化条件下所形成的一种新型政府运行模式，目的在于利用数字技术实现政府各个部门横纵贯通，跨部门、跨层级、跨系统、跨地域业务高效协同，从而提高政府的办事效率。

🕐 为什么

数字政府已是大势所趋，过去条块分割、封闭独立、互不兼容的局面将逐渐被改变。利用搭建的统一政务平台，审批部门可以实现数据共享，可以让群众"少证明"；利用手机 App 实现网上办事，让群众自由通办行政业务；利用大数据及云计算技术，政府部门社会机构之间进行信息连接，可以实现更加智能化、人性化的公共服务和社会服务。

提高数字政府的建设水平，意味着数据资源流转更加通畅、决策支撑更加科学智慧、社会治理更加精准有效、公共服务更加便捷高效，是建设美好数字社会不可缺少的核心部分。

🕐 怎么做

以广东数字政府为例，广东致力于打造"一办一中心一平台架构"。

"一办"是改革现有政务信息化建设体制，撤并和调整了广东省和省直各部门 44 个内设信息化机构，组建广东省人民政府电子政务管理办公室，消除原本存在的冗余机构，由总指挥统筹推进"数字政府"建设。

"一中心"是以"政企合作，管运分离"为原则，以企业为主体组建"数字政府"运营中心。"管运分离，政企合作"是广东数字政府改革的体制创新，具体而言就是政府部门对居民的业务需求和服务评价担负起更重的"管理端"责任。另外，与之合作的腾讯及中国移动、中国联通、中国电信 3 家电信运营商负责承担"运营端"责任。

"一平台"是建设统一安全的政务云平台。广东省现在使用的是"1+N+M"

的政务云平台模式，包括 1 个省级政务云平台、N 个特色行业云平台、M 个地市级政务云平台，建设全省统一的政务大数据中心，开展政务数据治理，实现各个行业、各个地区的数据汇聚共享，并在此基础上整合数据资源，推进各部门政务信息系统的整合共享，彻底打破"信息孤岛"。

在这样的整体架构下，广东省还开发了"粤省事"小程序。"粤省事"是全国首个集成民生服务的小程序，通过微信端入口不需要下载及重复注册，只需要一键实名登录，即可进行高频服务事项全网通办，使用十分便捷。目前，只需要刷脸登录就可以"一站式""指尖办理"687 项高频政务服务，还可以关联身份证、驾驶证、社保等 59 类证件，真正帮助居民办事实现"少跑腿"甚至"不跑腿"。

由此可见，加快数字政府建设水平是提高政务服务效率，是居民办事更加方便省心、社会治理更加安全高效的必经之路。

⚙ 2.3.4 营造良好数字生态

建立健全数据要素市场规则。 统筹数据开发利用、隐私保护和公共安全，加快建立数据资源产权、交易流通、跨境传输和安全保护等基础制度和标准规范。建立健全数据产权交易和行业自律机制，培育规范的数据交易平台和市场主体，发展数据资产评估、登记结算、交易撮合、争议仲裁等市场运营体系。加强涉及国家利益、商业秘密、个人隐私的数据保护，加快推进数据安全、个人信息保护等领域基础性立法，强化数据资源全生命周期安全保护。完善适用于大数据环境下的数据分类分级保护制度。加强数据安全评估，推动数据跨境安全有序流动。

营造规范有序的政策环境。 构建与数字经济发展相适应的政策法规体系。健全共享经济、平台经济和新个体经济的管理规范，清理不合理的行政许可、资质资格事项，支持平台企业创新发展，增强国际竞争力。依法依规加强互联网平台经济监管，明确平台企业的定位和监管规则，完善垄断认定的法律规范，打击垄断和不正当竞争行为。探索建立无人驾驶、在线医疗、金融科技、智能配送等监管框架，完善相关法律法规和伦理审查规则。健全数字经济统计监测体系。

加强网络安全保护。健全国家网络安全法律法规和制度标准，加强重要领域数据资源、重要网络和信息系统安全保障。建立健全关键信息基础设施保护体系，提升安全防护和维护政治安全能力。加强网络安全风险评估和审查。加强网络安全基础设施建设，强化跨领域网络安全信息共享和工作协同，提升网络安全威胁发现、监测预警、应急指挥、攻击溯源能力。加强网络安全关键技术研发，加快 AI 安全技术创新，提升网络安全产业综合竞争力。加强网络安全宣传教育和人才培养。

推动构建网络空间命运共同体。推进网络空间国际交流与合作，推动以联合国为主渠道，以《联合国宪章》为基本原则制定数字和网络空间国际规则。推动建立多边、民主、透明的全球互联网治理体系，建立更加公平合理的网络基础设施和资源治理机制。积极参与数据安全、数字货币、数字税等国际规则和数字技术标准的制定。推动全球网络安全保障合作机制建设，构建保护数据要素、处置网络安全事件、打击网络犯罪的国际协调合作机制。向欠发达国家提供技术、设备、服务等数字援助，使各国共享数字时代的红利。积极推进网络文化交流和互鉴。

☺ 是什么

从技术上而言，网络空间命运共同体是以互联网为纽带、原动力而形成的。例如，我们常说的"各国互相联系、互相依存的程度空前加深"，在很大程度是互联网使然；"人类生活在同一个地球村"，是互联网使"地球村"由梦想变成现实。

从逻辑上讲，网络空间命运共同体是欲构建的人类命运共同体的另一个维度的延伸。如果说我国在现实世界中要致力于构建人类命运共同体，那么，在由网络构成的虚拟世界中，也就必然需要构建"网络空间命运共同体"，旨在进一步推进互联网的共享和共治，将各国的网络安全紧紧联系在一起。

⊙ 为什么

从本质上讲，网络空间命运共同体既是利益共同体，又是责任共同体。互联网给人类社会带来了巨大利好的同时，也成为人类新的挑战来源：各国的国家安全屡屡受到威胁；利用网络空间进行的犯罪活动时有发生；在不同国度，公民的个人隐私频频遭到侵犯；网络空间中充斥着虚假不实的信息，互联网空间还没有达到理想的清朗程度。

因此，在网络空间命运共同体内，共享利、同尽责当是题中应有之义。由于网络空间无门槛、无边际、无疆界，离开了共同管理，对于共同体成员而言，利必会受损，祸定会殃及。网络安全是全球性挑战，没有哪个国家能够置身事外、独善其身，维护网络安全是国际社会的共同责任。

⊙ 怎么做

在数字生态构建方面，我国主要围绕《中华人民共和国网络安全法》《中华人民共和国数据安全法》和《中华人民共和国个人信息保护法》这三大法治基石来构建良好数字社会生态。

网络安全已经成为关系国家安全和发展、关系广大人民群众切身利益的重大问题。《中华人民共和国网络安全法》总结了网络空间主权制度、标准制度、等级保护、安全义务、信息保护、基础设施安全、人才制度等十大制度，为维护网络空间主权和国家安全、社会公共利益，保护公民、法人和其他组织的合法权益，提供了坚实的法律保障。

网络安全的核心是数据安全。数据风险与数据安全问题越发凸显，而《中华人民共和国数据安全法》专门聚焦数据安全领域的突出问题，为了规范数据处理活动，保障数据安全，促进开发利用，该法规定了 7 个数据处理行为——收集、存储、使用、加工、传输、提供和公开，涵盖了数据的全生命周期。国家为保护个人、组织与数据有关的权益做出了巨大努力。

《中华人民共和国个人信息保护法》的立法目的不仅是保护信息，也是利用信息。《中华人民共和国个人信息保护法》的基本要义在于，在确保个人的敏感信息不受非法侵害的基础上，促进个人信息在"合法、正当、必要和诚信原则"和"告知—知情—同意"原则的基础上，并遵循"采取对个人权益影响最小的方式"原则的前提下，进行合情、合理、合法的开发和利用。这样一来，我们的个人信息就能在得到最大保障的情况下被正确使用。

由此不难看出，"十四五"规划在我国布局数字经济、数字社会、数字政府以及总体的数字生态上做出了不懈努力，毫无疑问，一幅宏大的数字中国画卷已然向我们徐徐展开。

参考文献

[1] 马晓东. 数字化转型方法论：落地路径与数据中台 [M]. 北京：机械工业出版社，2021.

第3章

企业数字化转型
的结构化思维

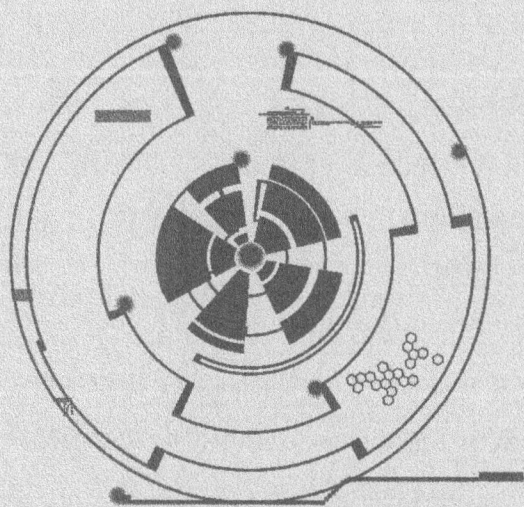

3.1 互联网九大思维

收 益

认知收益
- 互联网的游戏规则：投资、抢滩、规模、变现
- 得平台者得天下，平台思维是互联网九大思维中最核心的思维模式

知识收益
- 互联网九大思维：用户思维、简约思维、极致思维、迭代思维、流量思维、社会化思维、大数据思维、平台思维、跨界思维

互联网思维的概念已经延续了十多年。吃有"美团外卖"，住有"贝壳找房"，行有"滴滴打车"，这些随着互联网迅猛发展而生的产物，已然渗透到我们生活中的方方面面，使互联网思维更加具有生命力。

3.1.1 用户思维

法则 1：得"长尾"者得天下

意大利著名的经济学家帕累托曾经提出过一个经典的"二八原则"，意思是说 20% 的用户会为企业带来 80% 的业务或者盈利。在这个逻辑下，企业专注于服务好这 20% 的用户，就可以盈利。

但是在互联网中，"二八原则"却不一定适用。

2014 年 4 月 8 日，微软官方对外宣布停止对 Windows XP 操作系统的支持服务。微软的调查数据显示，我国 2 亿 Windows XP 用户中 70% 的用户从来不更新补丁。在"二八法则"下，微软果断地放弃了这 70% 的用户。微软宣布 XP 系统退出后，我国仍有 1.2 亿用户继续使用 XP 系统。失去了官方技术支持的 XP 系统，就像人失去了免疫系统，极易受到病毒的攻击。面对如此

巨大的市场空白，腾讯电脑管家和 360 安全卫士选择接盘国内的 XP 系统用户，全方位地提供漏洞修复、木马查杀、系统加固等支持服务。

虽然都扎根于互联网产业，但微软与腾讯、360 的思维逻辑区别非常明显——微软秉持的是传统的用户思维，它关注"20%"的盈利用户和 IT 产业的客观发展规律；腾讯和 360 秉持的则是互联网经济下的用户思维，它们抓住了"80%"不盈利群体的个性化需求，并且在这部分消费能力不强的"长尾人群"中形成了独特的控制力和影响力。

互联网经济就是一种"长尾经济"，这也意味着市场定位要尤为关注"长尾人群"的诉求。这类人群是互联网上的"长尾"，个体的消费能力不强，但是通过互联网聚合起来，就会产生强大的消费能力和影响力。

⊙ 法则 2：兜售参与感

互联网经济更加强调参与感。在过去传统的经济模式下，消费者更多的是被动接受，参与感没有得到充分发挥。而互联网让消费者充分、自由地表达自己成为可能。"长尾经济"需要的是参与感，我们应该把这种参与感传递到位。

参与感是用户思维最重要的体现，主要包括两个方面：一方面是让用户参与到产品研发与设计中，即 C2B[1] 模式；另一方面是用户参与品牌传播，即粉丝经济。

◎ C2B 模式：让用户参与产品创新

C2B 模式不仅聚合了消费者需求，还根据消费者个性化的需求完成了供应链重构，让用户参与到产品的研发和设计环节中。以折千纸鹤为例，亲手折千纸鹤的参与者对这些千纸鹤的估价，大约是未参与折叠者的 5 倍。这背后深层的思维逻辑在于用户的深度参与增加了其对产品品牌价值的感知能力。

1　C2B（Consumer to Business，消费者到企业）。

◎粉丝经济：让用户参与品牌建设

早在 2013 年的产品发布会上，雷军就明确地说到"因为米粉，所以小米"。小米通过打造粉丝圈和小米论坛，成功实现了新机上市就售卖一空的"饥饿营销"。

在小米手机问世之前，"米聊"就已经出现。随后，MIUI 系统（小米手机的操作系统）也出现了。当然，雷军并未采用投入大量资金做广告的方法，而是选择在百度贴吧中做推广。在贴吧里，用户可以直接下载并使用小米的软件与系统，小米也不需要花费任何宣传成本。更重要的是，用户若不满意可以直接反馈意见。雷军不断地汲取众多粉丝的意见与建议，不断更新 MIUI 系统，然后粉丝再下载、使用。日复一日，小米通过自己的产品、营销创造了"米粉"。

⊙ 法则 3：用户体验至上

用户体验是一种纯主观的感受，是在用户接触产品或服务的整个过程中形成的综合体验。好的用户体验一定要注重细节，并且贯穿于每个细节，这种细节一定要让用户感知到，并且这种感知要超出用户的预期，给用户带来惊喜。

360 创始人周鸿祎说："你把东西卖给用户或者送给用户了，你的体验之旅才刚刚开始，用户才刚刚开始跟你打交道。你恨不得通过你的产品和服务，每天都让用户感受到你的存在，让用户感受到你的价值。"

正是用户体验的反差，为互联网颠覆传统行业带来了极大的创新空间。

乔布斯的每个创新，都在颠覆人们的传统认知，并把"用户体验至上"做到了极致。苹果彻底改变了手机市场的整体格局，在业界留下了一座不朽的丰碑。

重点

·用户思维是指在价值链各个环节中都要"以用户为中心"去思考问题。

·用户思维下的 3 个法则涵盖了最经典的 Who—What—How 品牌营销模型。

Who——选择目标消费者。

What——针对目标消费者的需求，兜售参与感。

How——全程用户体验至上。

⚙ 3.1.2　简约思维

🕐 法则 4：专注，少即是多

乔布斯常说："决定不做什么和决定做什么一样重要。"在乔布斯的人生中，专注与简约一直是他秉持的信条。专注就是少做点事，或者说只做一件事，将一件事做到极致。正所谓"心置一处，无事不成"。在当今的互联网时代，效率与速度决定一切，谁能用最短的时间抓住关键点，并持续专注于这个关键点，谁就能在未来的竞争中赢得主动。

🕐 法则 5：简约即是美

怎样看待简单即是美？微信之父张小龙的理解是，简单是一种审美观，它不是一种完全理性的结论。不是说我们尽可能做得简陋一点，而是说我们的脑海里是不是有这样一种观念——我看到一个界面密密麻麻地铺满了按钮后，就想把它给简化一下。

简约是在设计中不断做减法。简约意味着人性化，让用户更愿意使用产品。

┌ 重点 ┐
- 简约思维是将一件事做到极致。
- 简约即"人性化"。

⚙ 3.1.3　极致思维

🕐 法则 6：打造让用户尖叫的产品

◎极致就是把产品和服务做到最好，超越用户的预期

践行极致思维，就必须能打造让用户尖叫的产品，即企业提供产品的质

量必须能超越用户的想象。

从产品的质量入手，怎样去超越用户的想象？质量本身是一个既客观又主观的概念。从客观上讲，质量是一系列可参照的标准（例如，ISO9001 质量管理体系认证）；从主观上讲，质量取决于消费者对产品的感知。如果我们仅遵照客观的标准去做产品和服务，那么只体现了底线思维，所有产出的结果都是"可被预期的"，无法超越用户的想象。

小米手机为了制造"用户尖叫"，下的最大的功夫就是高配低价。小米推出的每代新产品，一定是当时速度最快的业界首发的配置，且价格是行业最低的。

重点

· 极致思维即"死磕精神"。

· 用极致思维对待产品，多一点完美主义。

⚙ 3.1.4　迭代思维

🕐 法则 7：精益创业，快速迭代

传统企业做产品的路径是不断完善产品，等到企业认为产品完美的时候再投向市场，而互联网思维则不然。互联网迭代思维讲究的是快，尽快将产品投向市场（找到一个产品核心功能，即使这个产品只有一个核心功能），然后通过用户的广泛参与，不断修改产品，实现快速迭代，日臻完美。

例如，Facebook 设计的第一个版本是为了帮助哈佛大学的学生找男 / 女朋友，扎克伯格只花了一两周的时间，Facebook 就上线了。

运用迭代思维，先聚焦找到产品某一核心功能，具体找寻方法要满足"第一性原理"。

什么是"第一性原理"？埃隆·马斯克认为，"第一性原理"是看透事物的本质，把事物分解成最基本的组成部分，从源头解决问题。

尼古拉·特斯拉曾想设计一款以电力驱动的车，经过反复设计、计算和实验，发现无法制造电动车，即使生产出来，也将会是天价。于是现有的绝大多数汽车，都是采用化石燃料作为能源驱动的。马斯克没有在前人的结论上束手待毙，也没有单纯参考现有的燃油动力汽车，而是追本溯源，明确出发点（即现有各种汽车部件、电池性能和价格等数据）、目标（生产出接近或低于现有汽车制造成本的电动车）。通过一系列设计和计算，特别是具体的实验，特斯拉电动车终于诞生并闻名全球。

在埃隆·马斯克看来，用户是最好的指南针，任何产品在被推出时肯定不会是完美的，因为完美本身就是动态的。把握迭代思维和"第一性原理"，快速迭代，迅速让产品去感应用户的需求，从而一刻不停地升级进化，推陈出新，这才是保持领先的捷径。

重点

· 迭代思维即不断更新，快速迭代优化。

· 用迭代思维先聚焦找到产品某一核心功能，具体找寻方法要满足"第一性原理"。

3.1.5　流量思维

法则 8：免费，是为了更好地收费

在互联网企业的估值模式中，一个很重要的指标是流量，包括注册用户数量、活跃用户数、用户访问频率等。在杰克·特劳特（定位理论之父）看来，用户数量、活跃度这些指标的背后，是对用户注意力和心智的一种占有。

有一种互联网商业模式为互联网依靠泛连接属性打造一个多边市场，并通过交叉补贴的方式满足各方的需求。以互联网广告为例，一种交叉补贴方式是互联网搜索引擎把信息内容推荐给用户，再把用户推给广告商。互联网

搜索引擎交叉补贴模式如图 3-1 所示，其中互联网扮演的媒介角色，不仅是一个信息交互平台，更是一个流量的聚合平台，或者说是用户注意力的聚合平台。利润来自内容提供者和搜索用户，但不同于传统的单边市场，排名最高的搜索结果会被加上参与竞价补贴的广告商的关键词，这意味着搜索引擎同时将用户的注意力"卖给"广告商，因此最后的结果是服务由广告商买单。

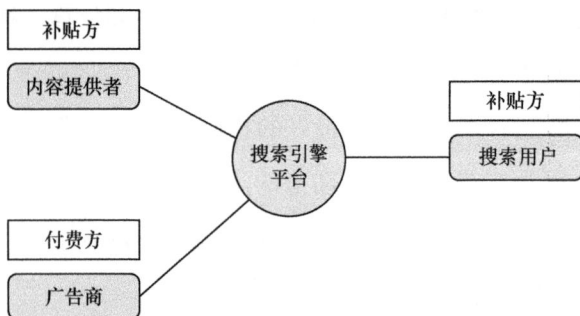

图 3-1 互联网搜索引擎交叉补贴模式

◎ 4 种免费模式

很多互联网产品是通过免费来获取流量的，但免费模型各有不同，具体可分为以下 4 种。

基础免费，增值收费：目前绝大多数互联网产品均采用这种免费模式，因为我国消费者的习惯是不愿意为虚拟产品花钱。例如，腾讯 QQ 是免费的，开通会员、购买各种钻石服务要付费。腾讯视频、优酷、爱奇艺、喜马拉雅是免费的，但要享受一些精品和独家 VIP 的增值内容是需要付费的。

短期免费，长期收费：目前很多互联网产品都有一定的"试用期"，即让用户在短期内感受产品带来的便利，如果长期使用，则要付费。例如银行 App 的一些服务，有的服务签约前两个月是免费的，之后则开始收费。

此处免费，他处收费：这种免费模式本质上类同于互联网产品的"捆绑销售"。例如，用户免费在某学习平台注册了会员，平台会提供给用户一系列专业的课程、电子书、白皮书、行业研究报告，只需要花费 10 元就可以轻松获得 100GB 容量的海量资源。这种免费模式往往是让用户零障碍入门，然后又将易复制、低成本的收费产品以让用户难以拒绝的理由支付费用。

大部分人免费，少数人收费：通过免费服务吸引大部分用户，然后将部分免费用户转化为收费用户，实现变现。例如网络游戏，人人都可以免费在游戏平台上操作，但对于用户黏性最高的一批玩家来说，买皮肤、买道具如同家常便饭。

当然，我们还必须认识到免费模式的两个要点：第一，"免费"虽然能快速聚合流量，但决定用户留存的一定是产品和服务的内容；第二，我国用户的线上消费习惯在不断发生改变，如果产品质量足够优秀，那么采用收费模式同样能逐步获得成功。

☺ 法则 9：量变产生质变，坚持到"临界点"

任何一个互联网产品，只要用户活跃数量达到一定程度，就会开始产生质变。对于互联网产品来说，由量变产生质变的过程可以概括为"投资—抢滩—规模—变现"。

到 2020 年为止，为了获取细分市场的流量，互联网发生了多次投资大战。从 2011 年的"千团大战"，到 2012 年京东、国美和苏宁之间的"电商大战"，再到 2015 年的"外卖大战"、2017 年的"共享单车大战"、2019 年下沉市场"百亿补贴大战"。巨量的资本烟消云散，打造了成熟的生活服务平台，培育了消费习惯，创造了巨大的市场。

从整体来看，如果投资用在基础设施建设、新行业/新模式的冷启动、消费习惯的培养，以及研发创新上，则对社会和行业利在长远；如果投资用在营销或企业资源的获取上，会对企业本身建立品牌、打造业务基础有较大帮助，价值相对有限；如果是红海阶段的单纯价格战、圈地抢市场、同质化竞争，则对社会和行业缺乏长远意义，甚至会扼杀创新、扰乱市场，产生恶性影响。

流量思维的"量"不是无序的量能，与十年前相比，当下流量的聚合与积累更注重方向和时间。坚持做好内容和产品，投资才能更加理性并产生长远价值。

重点

· 流量思维即掌握流量入口，"免费是为了更好地收费"。

· 流量思维坚持从量变到质变。

⚙ 3.1.6　社会化思维

⏱ 法则 10：社会化媒体，重塑企业和用户的沟通关系

社会化媒体是"互动式"在线媒体的总称，本质是"用户即媒介、用户可参与和用户创造内容"。凯文·凯利在《两种形式的联结主义》中有很深的洞见："一种大联结主义目前被称作社会化媒体。它们的目标是通过尽可能多的方式将每个人与除他以外的所有人联结起来。Twitter、Flickr、Facebook、Digg、Delicious 和雅虎知识堂——所有这些前一万名的 Web 2.0 站点为归属不同网络的人们提供了足够多的空间来完成新事情。在此，人类就是节点，他们产生信号。"

微博、微信、抖音、快手、小红书、知乎、贴吧、论坛等都是大家非常熟悉的社会化媒体。通过社会化媒体，人们既是内容的生产者，也是内容的消费者。

另外，社会化媒体使企业实现"广告即内容，内容即传播，传播即销售"，通过认知转化用户心理，构建品牌在用户心中的人格。以 2021 年百草味发布在社会化媒体上的品牌广告"卖年货"为例，它讲述了一位年轻小贩在年货市集里寻找"年的味道"。百草味通过社会化媒体上的品牌内容传播，重现了过年吆喝卖年货的场景，用怀旧的情景唤醒了大众心中关于年味的记忆，将年味符号和自身品牌的坚果产品相结合，把消费者的怀旧情感嫁接到百草味的产品上，进一步夯实了品牌"国民年礼"的定位。

⏱ 法则 11：社会化思维，重塑组织管理和商业运作模式

社会化思维是指组织利用社会化工具、社会化媒体和社会化网络，重塑企业和用户的沟通关系，以及组织管理和商业运作模式的思维方式。

◎ 群策群力，研发众包

社会化思维带来的重塑是产业链和价值链的开放，使以"蜂群思维"和层级架构为核心的互联网协作成为可能，以此催生了众包模式。

众包与外包不同，后者强调的是高度专业化，而众包则反其道而行之。跨专业的创新往往蕴含着巨大的潜力，众包意味着整个世界都是研发工厂。众包一词的核心是"与用户共创价值"。例如维基百科，这是用户可以共同参与编辑的一个百科全书，用户（可以是科学家、学者、工人、农民、外卖小哥等）通过自发的编辑、更新、完善，让它的内容通过不断迭代，变得非常丰富、全面和日益精确。

◎ 多位一体——研发者、销售者、消费者、投资者

企业如何运用社会化思维重塑组织管理和商业模式？答案是通过社会化媒体实现研发者、销售者、消费者和投资者的多位一体。

例如，全球的小米产品用户扮演了"研发者""消费者"的角色；而优秀品质所带来的口碑，则让"米粉"们自愿承担起"销售者"的角色，在社交媒体上发帖宣传，向身边的亲友大力推荐；"米粉"们同时也是小米的"投资者"，小米公司于 2018 年在香港主板上市后，小米集团—W 是许多年轻"米粉"购买的第一支股票。

⚙ 3.1.7　大数据思维

⏱ 法则 12：数据资产成为核心竞争力

◎ 万物皆可数字化

2020 年 4 月 9 日，国务院公布关于要素市场化配置的文件——《关于构建

更加完善的要素市场化配置体制机制的意见》，根据生产要素的重要性与时代性，首次将数据与土地、劳动力、资本、技术四大生产要素并列，视其为第五大生产要素。

在大数据时代，一切社会关系都可以用数据表示。人是相关数据的总和，文字被量化成一个个字符，声音被量化成数字音频，图像被量化成各种格式的数字图片。人和物的一切状态和行为都能被量化和数字化，并在数据空间中支持进一步的决策和分析。

⊙ 法则 13：用大数据驱动运营管理

在"数字驱动"的管理模式下，企业和政府的"感知"可延伸至内部运营管理的每个角落，所有的流程正在变得可控和透明。第一，生产经营流程需要实现数字化；第二，搭建大数据分析平台；第三，培养数据挖掘和分析团队；第四，建立开放的数据共享制度；第五，战略性的数据资源储备；第六，建立与业务相关的数字化转型认知；第七，展开精准化营销，从服务"一类"用户到服务"每个人"。

⚙ 3.1.8　平台思维

⊙ 法则 14：打造多方共赢的生态圈

互联网时代的驱动力是平台，我们也可以将其理解为打造"生态"。

就商业模式而言，平台型企业发展较好。阿里巴巴、京东、腾讯、小米等企业都可以被认为是平台型企业。全球 500 强中的前 100 强企业，有 60% 都是平台型企业。

一个典型的平台型企业有 3 个主要特征：一是双边或多边市场，有两个或多个市场群体参加；二是网络效应，即网络中的一边会因其他边的规模和特征而获益；三是开放性，平台型企业是一个支持不同市场群体交互并带来商业机会的开放系统。

这 3 个主要特征使平台型企业的成长遵循"非线性成长"的模式。用更简单的思维去定义，"平台"是在平等的基础上，由多主体共建的、资源共享的、能够实现共赢的、开放的一种商业生态系统。

如果说构建平台是一种战略选择，构建平台生态圈则是大战略布局，也是更高阶的商业生态系统。构建平台生态圈不仅包括构建起一个平台，还涉及以某个平台为基础，营造出"为支撑平台活动而提供众多服务"的大系统。

以阿里巴巴为例，阿里巴巴的平台生态圈战略包含 4 个主要业务：一是阿里巴巴电子商务，包括 B2B 业务、淘宝、天猫；二是阿里金融；三是数据业务，例如阿里云；四是物流体系。这 4 个业务模块都是一类平台，各个平台互动互生，形成了一个庞大的电子商务生态。阿里巴巴就是在运营一个生态系统，首先做的是底层基础设施——信用体系、支付体系、交易体系和物流体系。

随着信息技术的发展，平台生态圈正在从实物状态向虚拟状态演进。但不变的是，所有的平台生态圈都是建立在"更好地满足当前时代的多方需求"的基础上。谁能把握数字经济时代的利益相关各方的需求及需求发展趋势，谁就能设计出更好的平台。谁能抓住有更大价值的多方需求，谁的平台就更有现实价值，并有机会逐步打造成更有价值的平台生态圈。

❇ 3.1.9 跨界思维

◷ 法则 15："跨界"战略成为互联网时代发展的必然

在互联网时代，我们身边的"跨界"合作正在频繁地发生。

腾讯有了强大的用户群后，开始跨界做起了游戏业务，微信里开始挂载小程序，支付系统可以用来买票、坐公交车、买菜、投资理财、购买保险、打车、点外卖等。

百度进军了 AI、地图、网盘、百家号、游戏、音乐、广告等领域。华为、百度、阿里巴巴、苹果、谷歌、索尼、富士康都开始以各种姿态跨界进入智能汽车领域。

我们可以看到，互联网迈向"万物互联""大互联"时代，跨界已然成为一种普遍现象。互联网时代的企业在实现主营业务的原始用户积累后，不断地导入用户需求，实现对原有业务生态的跨界。究其根本，互联网网状连接的技术特征是无边界的，所以说互联网是一种天然的无边界存在。互联网发展带来的跨界现象，可以从以下 3 个层面来理解。

第一个是产业层面，虚拟经济和实体经济的融合，平台型生态系统的商业模式的发展，使很多产业的边界变得模糊，我们很难定义阿里巴巴到底是一家做什么业务的公司，即产业无边界。

第二个是组织层面，互联网的发展使专业化分工日益明显，"虚拟化组织"的增多为传统的组织管理带来了挑战，组织的边界不再明显区分，即组织无边界。

第三个是人才层面，在互联网时代，信息总量的爆炸式增长及信息传播的便捷和迅速，大大消除了信息不对称，这使我们每个人都主动或被动地进行跨界知识的储备，产品经理等跨界人才成为各大企业竞相追逐的对象，尤其是能够跨越传统产业和互联网的人才，更是不可多得。这是人才无边界。

跨界思维是"用户思维"的延伸，企业的跨界战略目标是打造一个又一个"让用户尖叫"的产品。换言之，跨界的表面是企业业务的多元化拓展，底层逻辑却是不断地复制和强化品牌基因。

例如，作为我国智能制造的标杆企业，美的是跨界成功的标杆。美的囊括了大多数家电产品，包括家用空调、商用空调、冰箱、洗衣机、饮水机、电饭煲、电磁炉、电压力锅、微波炉、烤箱、电风扇、取暖器、空气清新机、洗碗机、消毒柜、抽油烟机、热水器、吸尘器、豆浆机、电水壶等。对于琳琅满目的产品，"原来生活可以更美的"的广告语做了全面概括，而用户也认同美的的品牌价值。

◷ 法则 16：跨界思维的本质是"跨界竞争"与"跨界合作"

◎跨界竞争

互联网企业基于数据原生企业的先天优势，能深刻地洞察用户数据，从而打造出最贴合用户需求和价值的产品。正是因为有这样的思维，拥有互联网思维的企业在跨界竞争中才能获得用户的认可。

◎跨界合作

跨界思维的本质也是跨界合作。通过合适的手段吸引拓宽彼此的用户群体，让双方的用户体验产生互补，从而获得双赢。

抖音曾与各个博物馆进行跨界合作，举办了"博物馆奇妙夜"的联名活动。彼时短视频爆火，各地博物馆纷纷加入，利用让"文物动起来"这样的创意，做出了不少有趣的视频。这次跨界合作不仅让博物馆的形象变得鲜活，提升了文物的传播价值，同时，合作流量的集聚也助力了早期抖音在短视频行业的飞速发展。

3.2　互联网思维对比应用

↘ 收　益 ↙

认知收益

· 互联网思维实现了对传统行业的跨界颠覆和高效整合

知识收益

· 互联网思维在各行业中的应用

◷ 传统思维、"+ 互联网"思维、"互联网 +"思维在各行业中的对比应用

互联网思维被分为"+ 互联网"思维和"互联网 +"思维。

什么是"+ 互联网"思维？"+ 互联网"思维的本质是工具思维，强调"顺势创新"，跨越时空，降本增效。它强调将互联网技术融入产品的生产、管理、销售及服务。传统行业以既有业务为基础，利用互联网技术，提高为用户服务的效率和质量。

什么是"互联网 +"思维？"互联网 +"思维的本质是颠覆思维，强调"逆袭创新"。"互联网 +"思维被定义为，将互联网的创新成果与经济社会各领域深度融合，提升实体经济的生产和创新，最终形成以互联网为基础设施和实现工具的经济发展新形态。

传统思维、"+ 互联网"思维与"互联网 +"思维对比见表 3-1。表 3-1 中对比了传统思维、"+ 互联网"思维与"互联网 +"思维赋能下的各个行业生态，再次说明"互联网思维"是如何推动各个行业进行变革的。

表 3-1　传统思维、"+ 互联网"思维与"互联网 +"思维对比

行业名称	传统思维	"+ 互联网"思维	"互联网 +"思维
金融业	・线下营业厅 ・传统银行	・线上营业厅 ・网上银行	・余额宝 ・小额金融理财
物流业	・点对点运输 ・单一环节管理 ・只有物流	・信息化运输 ・链式管理 ・物流 + 信息流	・自动化物流 ・集成式网状管理 ・商流 + 物流 + 信息流 + 资金流
新闻业	・报纸、杂志 ・专业新闻人员出版 ・纸质媒介	・将报纸、杂志上的内容搬到互联网上，例如门户网站新闻	・在社交媒体上双向互动 ・平台实时推送个性化的新闻 ・人人都是新闻记者（自媒体）
零售业	・线下固定门店 ・实物交付 ・销量依赖位置等	・线上网店 ・O2O 模式 ・销量依赖平台流量	・线下商店线上数据化 ・到店自提或门店快递配送 ・能洞察消费者的数据和行为

续表

行业名称	传统思维	"+ 互联网"思维	"互联网 +"思维
旅游业	· 跟团旅游 · 线下订购景区门票 · 景区易堵车、服务设施老旧	· 在线旅游 · 在线实时订购景区门票 · 景区易堵车、服务设施老旧	· 主题旅游、定制化旅游 · 在线实时订购或预约门票 · 智能化停车场、VR 旅游
交通业	· 传统出租车 · 打表计价 · 缺乏监管、收费不规范	· 出租车线上约车 · 打表计价 · 安全事故频发，收费过高	· 网约车 · 规范计价 · 乘车全流程透明监管
服装业	· 线下卖场 · 需求生产分离，库存巨大 · 服装设计来自专业设计师	· 线上网店 · 分销渠道增加，库存减少 · 服装设计来自专业设计师	· C2B 大规模个性化定制 · 连接需求与生产，智能制造 · 大数据分析实现个性化定制
汽车业	· 人为操纵 · "硬件"思路研发 · 依靠性能参数吸引用户	· 人为操纵 · 车内安装 IT 设备 · 依靠性能参数吸引用户	· 特斯拉、谷歌、百度 · 自动驾驶 · 依靠智能服务吸引用户

可以看出，"+ 互联网"思维仍然偏向于传统思维，各个行业与互联网的连接程度较浅，与用户的关系也处于主导与被动的状态；"互联网 +"更注重用户的个性化需求，淡化用户与企业、平台的隔阂，中心—边缘格局逐渐消失，不断提升与扩大服务质量与范围。

也就是说，"+ 互联网"思维带来的是物理层面的叠加与融合，寄希望于能连接互联网，实现降本增效；而"互联网 +"思维带来的则是"化学反应"，不断创造增量、减少隔阂，在主动创造中力求做到你中有我、我中有你。

从价值观来说，"+ 互联网"思维和传统思维是一致的，本质上都是"利己"的，并且价值链条分散、价值传递向度单一；"互联网 +"思维的内核是"利他"的，注重与价值链上利益相关者关系的整合，最终打造价值传递的开放式生态圈。

传统企业要实现数字化转型，一定要拥有"互联网 +"思维，打造极致产品、敢于自我颠覆、积累数据资产、改善用户体验、打造价值生态。在这场轰轰烈烈的数字化转型变革浪潮中，唯有拥抱变化，方能赢得未来。

3.3 企业数字化转型的结构化思维

收 益

认知收益
· 结构化思维是体系化、可溯源、有思考结构的思维方式

知识收益
· 结构化思维包括线性思维、T形思维、动态思维和系统思维等

我们经常听到这么一句话:"你的思维方式决定了你的认知,认知决定了行为,而行为决定了结果。"本节会讲一些有效的结构化思维,帮助企业更好地进行数字化转型。

3.3.1 发散思维与结构化思维

虽然人们在同一个起点出发,但走不同的路会得到不同的结果,走一步和走两步也会得到不同的结果。思维思考的路径如图 3-2 所示。

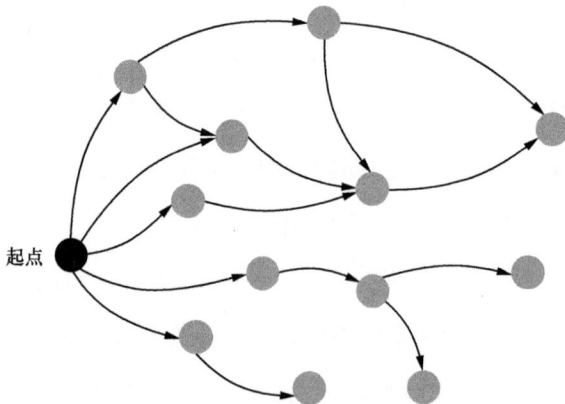

图 3-2　思维思考的路径

发散思维是单独地记忆各种信息,信息与信息之间不存在关联。例如,

用发散思维看词语的时候，大脑只用来存储记忆，并没有思考语义。发散思维因为没有聚焦，无法捕捉实物表象与深层次的关系，也无法做到全面思考，因此用发散思维分析问题、处理问题的效率是比较低的。但这不代表发散思维不好，像艺术家、编剧等创作型人才就非常适合使用发散思维，因为他们可以由一个点发散扩充他们的想法。

与发散思维相对应的是结构化思维。结构化思维的重点在于结构，即有结构地"用脑"，例如将图 3-3 中的词汇进行分类，分类结果如图 3-4 所示，然后再进行记忆，记忆的效果将好得多。

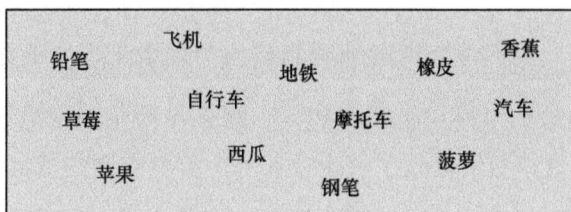

图 3-3　杂乱词汇

图 3-4　分类结果

这里重点讲的结构化思维包括线性思维、T 形思维、动态思维和系统思维。

⚙ 3.3.2　线性思维

线性思维是常见的思维模式，也称为流程式思考，下面用一个企业计划成为"灯塔工厂"的例子来说明企业是如何运用线性思维的。

企业在了解成为"灯塔工厂"的要素后，进行了流程化的准备：第一阶段为项目准备；第二阶段为调研分析；第三阶段为方案输出；第四阶段为方案确认。"灯塔工厂"流程化准备如图 3-5 所示。

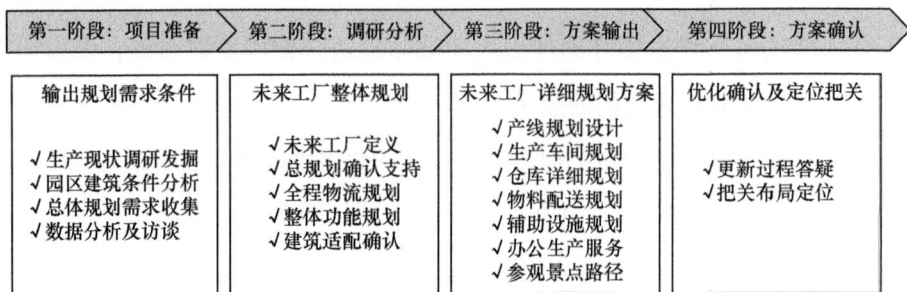

第一阶段：项目准备	第二阶段：调研分析	第三阶段：方案输出	第四阶段：方案确认
输出规划需求条件	**未来工厂整体规划**	**未来工厂详细规划方案**	**优化确认及定位把关**
✓生产现状调研发掘 ✓园区建筑条件分析 ✓总体规划需求收集 ✓数据分析及访谈	✓未来工厂定义 ✓总规划确认支持 ✓全程物流规划 ✓整体功能规划 ✓建筑适配确认	✓产线规划设计 ✓生产车间规划 ✓仓库详细规划 ✓物料配送规划 ✓辅助设施规划 ✓办公生产服务 ✓参观景点路径	✓更新过程答疑 ✓把关布局定位

图 3-5 "灯塔工厂"流程化准备

从图 3-5 中，我们可以清晰地看到成为"灯塔工厂"的流程，继续拆解各阶段的阶段目标，可以得出企业在每个阶段具体要做的事情，再配合甘特图等项目管理工具，更清晰地了解企业在每个阶段需要的资源等。

> **重点**
>
> · 在思考时，使用线性思维由表入里，逐层递进，更容易发掘问题的本质。
> · 线性思维具有流程性，步骤清晰有序，目标明确聚焦，不容易出错。

⚙ 3.3.3 T 形思维

所谓 T 形思维是指思维方式像字母"T"一样，垂直与水平，一横一纵，深度和广度同步拓展。

企业在挖掘核心竞争力时，应尽可能把"专"研究得更透彻。

例如，潮流文化娱乐公司"泡泡玛特"凭借丰富多样的潮流玩具及新颖玩法的盲盒形式，深受年轻人的喜爱和追捧。对于"泡泡玛特"来说，产品形态是核心竞争力，也是其不断深挖和钻研的领域，"泡泡玛特"的 T 形思维如图 3-6 所示。

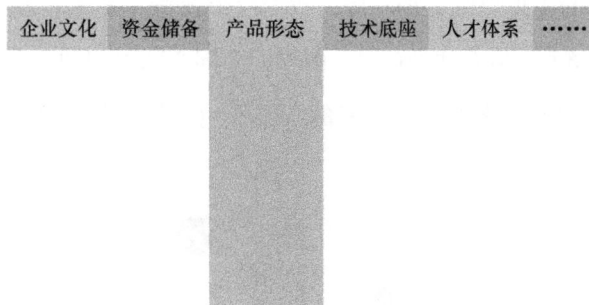

图 3-6　"泡泡玛特"的 T 形思维

对于企业而言，首先应找到自己擅长的垂直细分领域，并将其做到"专精特新"。

2016 年，在全球只有广州明珞公司可以 6 个月交付激光钎焊生产线的情况下，特斯拉首次选择与其合作。从 2016 年第一次合作至今，广州明珞承揽了特斯拉美国 Model Y 车型、我国 Model Y 车型及 Model 3 车型等项目，是唯一的所有项目都能做到准时交付的供应商。与其他供应商相比，广州明珞实现了仅需 6 个月的产线交付周期，以其标准化与精益化的服务大幅节省了产线设备投资，成为特斯拉全球认可的生产线供应商。

广州明珞从成立至今，持续致力于智能制造、数字化及工业互联网和物联网的深度创新和落地。广州明珞还不断在智能制造方面寻求新的突破和创新，提出以"标准化、精益化、柔性化、数字化、智能化 + 自动化"为基础的"六化"智能制造理念。

凭借高效能的智能制造，广州明珞已成功为一汽红旗、一汽大众、广汽本田等多家汽车工厂提供方案，并为用户带来了产能的增长和成本的降低，真正实现了为用户创造价值，真正做到了在汽车生产制造领域的"专精特新。"

"专精"是"T"形的一竖，当其足够稳固后，要横向扩展更广的维度。

互联网时代的 T 形思维更加立体。我们换个视角，俯视来看，"T"更像是一个圆，圆心是最核心、最专注的产品，由若干个同心圆之间的生态产品相互关联，形成一个坚不可摧的生态壁垒。小米的圆锥形生态体系如图 3-7 所示。

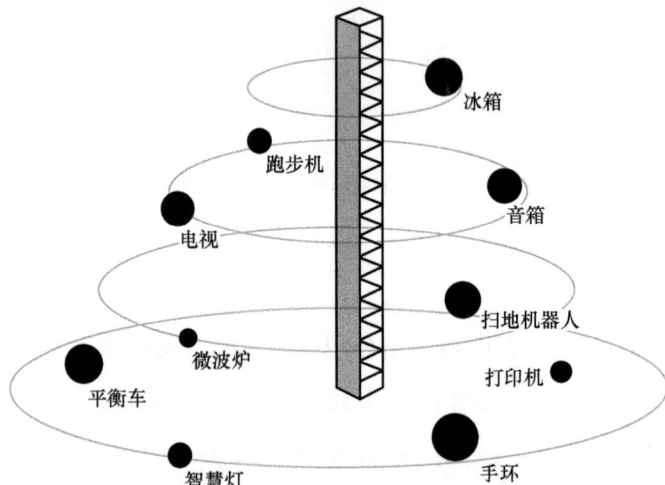

图 3-7　小米的圆锥形生态体系

以小米为例，小米先是专注手机业务，当手机业务成为核心竞争力时，其开始融合生产多种智能设备，构建一个立体的圆锥形的生态体系。截至 2021 年年底，小米的智能手机全球出货量达 1.9 亿部，收益 2089 亿元，占总收益的 63.6%。AIoT 产品全年收益 850 亿元，占总收益的 25.9%。小米通过手机与多种 AIoT 产品实现互联，形成共生、互惠的关系。

除此之外，扩展广度还可能形成范围经济。

京东起家于电子 3C[1] 产品的销售，不断优化自身的电商平台，建立完善的仓库物流体系，以及优质的售后保障体系，以物流及质量作为自己纵向深度发展的保障，同时不断扩展自身业务，吸纳更多领域的商家入驻。以电子

1　3C 是计算机（Computer）、通信（Communication）和消费电子产品（Consumer Electronics）3 类电子产品的简称。

产品为主导的京东逐渐向全产品类型转化，形成范围经济。京东的横向扩展
如图 3-8 所示。

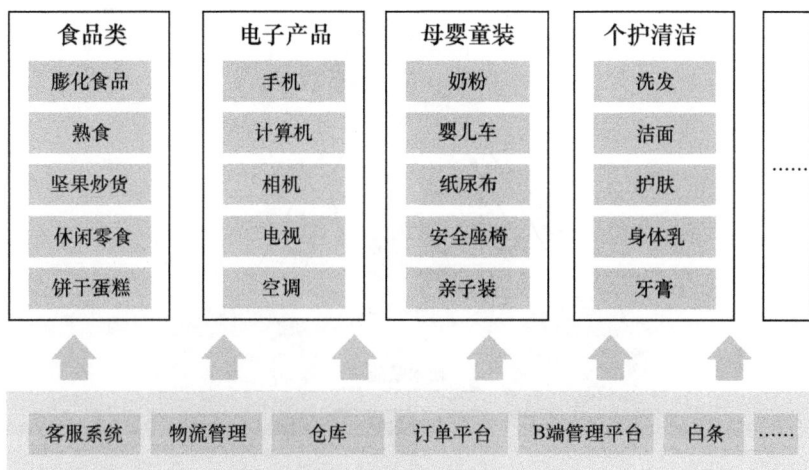

图 3-8　京东的横向扩展

京东为何要进行横向扩展呢？

第一，为范围经济带来成本优势。无论是销售电子产品、母婴童装，还
是销售个护清洁产品，都需要仓库存货、物流送货、平台订货、用户保障，
而这些模块可作为固定的可分摊的成本，从而降低单个产品的固定成本，提
高资源的利用率。

第二，为规模经济带来用户优势。因吸纳了越来越多的商家入驻，京东
的产品品类能越来越多地满足用户的诉求。用户越多，就越会吸引更多的商
家入驻，如此带来良性循环。

第三，市场竞争优势。利用原本的平台、客流量及自身品牌的优势，顺
势将其他产品推给用户，用户也更容易接受。

第四，抗风险能力增加。平台不再受单一品类的销售淡旺季的影响，多
种品类形成互补的趋势。

T 形小平台还可叠加，形成一个中平台生态。中平台再与其他中平台叠加，

构成一个更具广度的超大生态系统。中国移动智慧生态如图3-9所示。

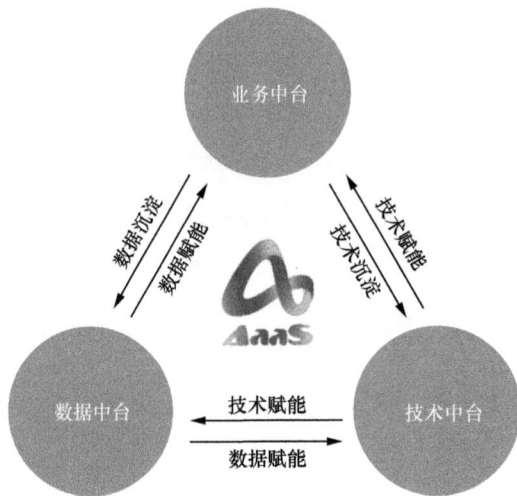

图3-9　中国移动智慧生态

中国移动的智慧生态包含了业务中台、数据中台和技术中台，其中每个中台都是一个"T"形结构。这3个平台叠加，组合成一个超大的生态，即智慧中台。目前，智慧中台已汇聚了200多项公共能力，月调用量超过90亿次，目标是打造世界级智慧中台标杆。

🔧 3.3.4　动态思维

这两年最火的新词莫过于"元宇宙"了。尤其是2021年10月29日，Facebook正式改名为Meta，聚焦构建元宇宙生态，将元宇宙作为企业未来发展的重心，更是将元宇宙的曝光度推向了一个高潮。

当一个新的技术名词如火如荼地出现时，我们要用动态的发展眼光，理性地看待。

◎从"势"来看

元宇宙是大势。目前，年轻人对网络这一虚拟世界的强依赖性，使元宇宙如同智能时代会到来一样，没有人会怀疑。元宇宙的相关股票一路飞涨，各种 App 及概念涌现，从用户到企业，从娱乐到工业生产，都冠以元宇宙之名。

◎从"时"来看

技术的成熟与市场的成熟是需要具备很多条件的。技术是相互赋能的，技术与市场也是相互协同的，有任何短板都不行，目前，元宇宙的眩晕问题、设备成本高的问题、内容缺乏及应用场景限制的问题，都需要逐步被解决。

从技术进步 S 曲线来看，每个技术处于导入期时，进步都比较缓慢，进入成长期时，就会呈指数型增长，进入成熟期后，走向曲线顶端，会出现增长率放缓问题，此时会有新的技术出现且其影响力逐渐增强，形成新的 S 曲线并最终超越传统技术。

初步看来，元宇宙的一些技术正处于成长期，例如云计算；某些技术还处于导入期，例如 5G、区块链、AI、VR/AR 等。元宇宙需要相关底座技术协同发展，所以还需一段时间才会进入成长期。

从技术扩散 S 曲线来看，在技术导入期，技术应用者增长缓慢；当技术性能提升并逐渐被人们熟悉后，技术应用者迅速增加，最后达到饱和状态，技术应用者增速放缓。不同技术时期的技术应用者具有不同的特点，包括创新者、早期采用者、早期大多数应用者、晚期大多数应用者和落伍者。

◎从"位"来看

新的技术领域通常是由产业链"盟主"率先推动的。这需要前瞻的眼光、巨大的投资、创新的能力，以及培育消费者的足够耐心。因此，巨大的蓝海市场通常会由这些耗费了巨大心血的实力派领先者占据核心地位，他们是探路人和探索者，也是未来商业利益的最大获得者。

一般的企业做不了领先者，只能是追随者，但追随者也要有道可循。

还是以元宇宙为例说明。

第一，不要太早进入元宇宙市场。因为很多限制要素决定了企业的投入并不一定会有快速的市场回报。

第二，不要太晚进入元宇宙市场。因为若一个市场已经被很多企业占据了有利位置，该市场早已是一片红海，不能产生有效效益。

第三，要根据市场的宏观环境和行业环境，结合企业的实际情况，在合适的时机进入市场，找到自己的核心竞争力。

第四，要加入产业链"盟主"生态。例如，加入 Meta 的开发者生态、加入腾讯的开发者生态等。若企业有核心竞争力，则可与产业链"盟主"建立战略性合作关系。

⚙ 3.3.5 系统思维

系统思维是指能够从整体出发，总览全局并灵活调度各种事物的思维能力。掌握系统思维，有助于我们在处理复杂多元事务时，能够从中快速抓住问题的关键点，合理安排事务的处理方式，有效地盘活整个局面，发挥整体势能。

那么，如何才能掌握系统思维呢？

系统思维强调的是整体观和全局观，不是传统线性思维聚焦某一方面的由因到果，也不是 T 形思维的一专多能，它是从更高视野透过现象看本质。

例如，数字化转型是一个系统性工程，它不是一个人、一个班组、一个部门的事，而是涵盖企业的方方面面。各个流程间、各个部门间、各个员工间相互作用、相互影响，并最终影响数字化转型的效果与成败。

我们需要透彻认识的是，系统思维所强调的整体观和全局观，绝不是简单的"胡子眉毛一把抓"，而是需要在真正把握和透彻分析当下需要面对的事物之间的联系和动态关系后，深度思考所制定的一套"组合拳"。

例如，数字化转型既要有数字化转型顶层设计这样的全局蓝图，也要洞悉企业业务中最大的痛点，从点到线、从线到面、从面到体逐步有序实施。

　　我们还需要注意的是，在系统思维里不仅要用整体观、全局观推动事物向好的方向发展，还要充分考虑蝴蝶效应、黑天鹅事件等，警惕系统性风险。

　　综上，掌握系统思维需要我们理解整体和局部的关系、眼前和长远的关系、现象和本质的关系，学会用联系的观点看问题，学会洞悉事物发展过程中的对立统一规律，学会分清主次矛盾，这样在处理各种问题时才能做到谋定而后动，运筹帷幄，决胜千里。

重点

- 系统思维是一种从整体大局出发的思维观，能够帮助我们透过现象看本质。
- 系统思维所强调的整体观和大局观，并非一味追求面面俱到、一应俱全，而是需要用联系的观点看问题，抓住并解决主要矛盾。
- 运用系统思维不仅能驱动事物向好的方向发展，还能警惕系统性风险。

第4章

企业数字化转型
成功模式及标杆

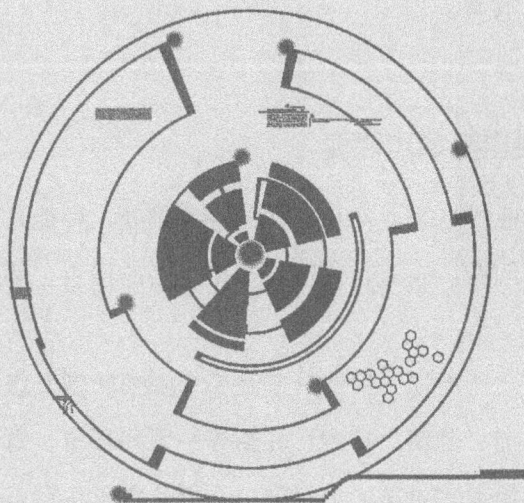

4.1　企业数字化转型的 5 种成功模式

↘　收　益　↘

认知收益

· 企业数字化转型的成功并非遥不可及

知识收益

· 了解企业数字化转型的5种成功模式

本节对我国目前数字化转型成功的企业的模式做了总结，归结为以下 5 种模式。

· 模式 1：企业解决自身痛点需要。

· 模式 2：企业业务纵向自然延伸。

· 模式 3：企业业务横向自然延伸。

· 模式 4：企业解决用户痛点需要。

· 模式 5：加入生态"盟主"。

4.1.1　模式 1：企业解决自身痛点需要

该模式指企业要克服所处行业或者企业本身存在的一些难处，可能是原材料、制作工艺或者流程方面的问题。企业首先应识别出自己的痛点，然后利用数字技术有针对性地解决。

以美国的大河钢铁厂为例。众所周知，钢铁产业是一个亟须转型升级的传统产业，生产流程长，包括铁前、炼钢、铸钢、轧钢等一系列环节，每个环节的生产工艺极其复杂，因此需要大量的人力资源，不仅要负责生产，还要确保生产安全。大河钢铁厂是世界上第一家 AI 学习型钢厂，全厂安装了50000 多个传感器，通过这些广泛分布的传感器进行数据采集和数据分析，实现从原材料到成品，从突发事件的预测到生产现场环境的实时监控，再到事后追溯的全过程数据驱动。

我们再举两个制造业的例子，进一步理解"解决自身痛点需要"的含义。

首先是电子设备制造业。该行业的数字化、网络化基础好，但是对电子设备元件的精度和产品质量要求都格外严格，传统人工质检需要大量的资深质检员，人工成本巨大；与此同时，电子设备更新换代往往比较频繁，这就要求企业也要大幅提升生产效率。针对这两个痛点，格力在总装车间搭建 5G 虚拟专网，将 AI 技术与检测系统深度融合，实现机器视觉质检，将空调组件生产等环节的自动化生产线与质检系统相关联，实现自动检测并将不良品分离，一个车间的机器视觉质检每年可为企业节约人工成本 160 万元，与此同时，AI 在重复性劳动上的优势也使效率方面的问题迎刃而解。

其次是传统装备制造业。我国制造业规模庞大，体系完备，但存在大而不强的问题。尤其是传统装备制造业，自主创新能力不强，生产管理效率较低。以安徽合力为例，尽管其是我国工业车辆行业的领军企业，早在 2006 年就已经进入世界工业车辆行业十强，但随着市场的变化，安徽合力也有了新的发展痛点，例如，缺乏对产品全生命周期的有效管理，缺乏对供应链全局的整体协同管理，缺乏预防式维护能力来降低服务成本等一系列问题。在此情境下，安徽合力选择搭建从研发到生产再到供应销售的产品全生命周期管理平台及供应链和运营管控平台，从而规范物料、用户、供应商等企业基础数据标准，统一各部门及各业务板块的数据，实现了数据跨岗位、跨部门传输。经过一系列升级，安徽合力的生产制造周期比原先缩短了 45%，产品生命周期管理成本减少了 38%，产品上新时间也大大缩短，平均订单交付时间加快 30%。

从上面的例子我们可以很明显地看出，不同的行业有不同的需求痛点，即便是同一个行业，具体的对象不同、企业不同，所面临的具体问题也不尽相同，有的侧重于运用数字技术优化生产模式，有的侧重于提升管理效率，但归根结底，都是精准识别自己当前企业的痛点，然后对症下药进行数字化转型。

4.1.2 模式2： 企业业务纵向自然延伸

企业业务纵向自然延伸是指产品品类纵向延伸。例如，苹果从 iPod、iTouch、iPhone 再到 iMac，产品品类不断拓展和丰富。

例如，现如今人们对便捷生活的要求越来越高，在要求居家环境更加舒适安全的背景下，海尔发现了智能家居的巨大潜力，试图打造"身在外，家就在身边；居于家，世界就在眼前"的智慧生活场景。

为此，海尔公司先后建立了强大的 U-home 研发团队和世界一流的实验室，在高素质智能家电专业设计团队的支持下，从事智能家电、数字变频、无线高清、音视频解码等芯片的研发。最终，海尔集团根据社区智能化及家电的发展趋势，结合小区智能化技术及家电网络化技术，开发了包括家庭网关（家庭智能终端）、智能热水器、智能洗衣机、智能洗碗机、智能冰箱、智能微波炉等在内的全系列智能家电产品，技术先进。海尔集团智能化设备所具有的远程控制、远程查询及故障信息自动诊断等功能符合当下人们快节奏的生活方式，满足了人们安全便利的需求。

我们可以看出，海尔从传统家电到智能家电的业务拓展毫无疑问是成功的，通过数字技术实现产品业务纵向延伸，迎合现如今人们更加个性化的需求，这也是数字化转型一个优秀的参考范式。

4.1.3 模式3： 企业业务横向自然延伸

企业业务横向自然延伸是指企业的业务向上游或下游自然延伸。

以恒慧集团的智能冷库为例。恒慧集团的主要业务是生产食品，但是在生产过程中遇到这样一个问题，即把肉放到传统冷库中会缩水，导致成本增加，食品口感变差。因此，恒慧集团就开始寻找智能冷库的解决方案，解决制冷系统及冷库智慧物流的问题。存储 3 万吨肉的智能冷库，占地面积只需要 12.5 万立方米，且建设成本从 4 亿元降到 2 亿元左右，运营成本每年节约 850 万元以上。在这样的技术条件下，恒慧集团专门成立了一家公司做智能冷库，实现了食品业务向下游的扩展。

作为我国领先的数字地图内容、导航和位置服务解决方案提供商，高德地图的电子地图数据服务一直以来都是其核心竞争力。但是在发展过程中，它发现仅仅依靠下载量及与商家合作的盈利模式太过单一，限制了其进一步发展，并且现如今，车流高峰期打车难、体验感参差不齐成为用户出行过程中遇到的主要问题。因此，高德地图在自己的技术基础上搭建了一个共享出行平台，一方面针对用户打车难的问题，另一方面针对传统出行企业获客难，二者无法有效连接的问题。这样一来，高德地图的业务就从原本的地图导航服务延伸到网约车业务，同时为传统出行企业在获客成本、车辆调度、安全等方面提供了解决方案。目前，该共享出行平台已经接入 40 多个打车平台，月活跃用户超过 5 亿人次。

从上述的案例可以看出，企业业务拓展的方向并不是单一的，其既可以纵向发展，也可以横向拓展延伸。在自己的上下游寻找数字化转型的机遇，这对于很多开展单一业务的企业来说不失为一种可以借鉴的选择。

✿ 4.1.4　模式 4：企业解决用户痛点需要

解决用户痛点需要同样是企业数字化转型的一种模式。

智慧物流。企业想要搭建智慧物流系统，通常会付出仓库建设、运输机器人的研发设计等一系列高昂成本，而提供智慧物流解决方案的企业可以针对这一痛点投资研发数字孪生系统。企业不必去现场反复调测，只需要一个即时定位与地图构建机器人来测试数据并发送至系统，数字孪生系统就可以根据测出的实地数据模拟现场场景，方便反复进行试验和调测，这不仅降低了人工成本，提高了工程效率，还可以基于广泛的测试数据，不断调整算法，减少所需机器人的数量。

采矿行业。 露天矿存在矿山石坠落、塌方、滑坡等事故风险，且井下工作工人处于高温高湿、粉尘等恶劣的工作环境，工人的健康威胁成为采矿行业不可避免的痛点，而这也是采矿设备供应商数字化转型的契机，即使用数字技术去解决用户的重点需求。例如，与千业水泥合作的采矿设备供应商利用 5G 和车联网技术研发了无人矿车，结合北斗卫星的高精度定位，实现无人矿车的自动驾驶和协同编队，集群调度采矿区域内车辆的问题迎刃而解。不仅如此，远程操控技术还可以实现一人同时操控多台设备，提升设备工作的效率。很明显，采矿行业安全生产的痛点正是采矿设备供应商数字化转型的契机，无人矿车的出现实现了运输车完全无人化操作，有针对性地解决了矿区工人生命安全的问题，提高了采矿作业的效率。

因此，从用户的角度出发，在理解他们痛点的基础上去挖掘数字化转型的切入口，往往能够达到水到渠成的效果。

⚙ 4.1.5　模式 5：加入生态"盟主"

例如，加入华为的鸿蒙生态联盟之后，从数字化系统的标准构建，到品牌宣传，再到渠道营销，企业都可以利用华为雄厚的企业实力赋能。因为华为本身在数字化转型方面经历了长时间的探索，无论是数据平台的搭建还是组织结构的改革，都比较成熟，参与联盟的中小企业只需要根据指导进行数字化转型，这样可以弥补中小企业在技术及经验上的不足，达到事半功倍的效果。

如今，阿里巴巴和腾讯已各自坐拥超过 10 万亿元市值的生态圈。无论是依赖于大数据的用户偏好分析，还是运用云计算平台实现数据资产的深度挖掘，再或者是数字化转型过程中企业体系架构的变革，它们都在自己所构建的生态领域里拥有绝对的实力和丰富的经验。在生态"盟主"技术与经验双重优势的支持下，即便是中小型企业，也有机会迈上自己的数字化转型之路。因此，选择合适的生态在一定程度上对于企业的数字化转型也是相当重要的。

4.2　企业数字化转型典型综合标杆案例

收　益

认知收益
· 企业数字化转型的成功启示

知识收益
· 了解标杆企业数字化转型的经验

经过前一节的学习，我们对数字化转型的成功模式有了综合性的认知，然而俗话说"纸上得来终觉浅"，我们不妨一起试着分析一些综合标杆案例来把握数字化转型过程中的经验。在此提供 3 个典型的综合标杆案例。

4.2.1　案例 1：上海汽车集团股份有限公司

上海汽车集团股份有限公司（以下简称"上汽"）是目前国内产销规模最大的汽车集团，已经连续 15 年保持销量国内第一。尽管当前汽车产业正因为技术重构的原因面临百年未有之大变局，但其依然能稳坐国内汽车行业的霸主地位，很大程度上依赖于近几年企业数字化转型的成功。

上汽从总体上推进各类资源的布局建设，陆续成立了软件技术、人工智能、大数据、云计算、网络安全五大技术中心，在上海浦东、河南郑州等地建成多个数据中心，在此基础上组建"云、管、端"协同的工业互联网平台，实现云端服务、智能终端及连接两者的智能管道（例如，移动运营商提供的连接服务）之间高效协作。另外，上汽在增强技术实力的同时也在加强人力资源队伍的建设。

在完成资源布局的总体规划之后，上汽开始聚焦于管理活动的提质增效。

首先，为了提高发展质量，上汽搭建了"能效管理平台"，该平台目前已经覆盖上汽所属的 120 余家企业，对能源系统生产、输配等环节实施集中监控，5 年来上汽的单位能耗降低了近 20%。

其次，为了提高企业的运转效率，上汽主要从研发与供应两个方面入手。在研发阶段，上汽的技术中心通过数字孪生技术将开发过程虚拟化、在线化，设计效率提高 15%，每年降低开发成本 1 亿元。继高效研发之后，上汽着力于打造敏捷响应的供应体系。例如，上汽乘用车运用自建的工业互联网平台后，对供应商的风险评估时间缩短了 90%，零件项目之间的协同效率提高了 20%。

最后，上汽将数字化转型锁定于业务的创新，这也回应了前文所提出的数字化转型的本质——从数据到业务。接下来我们深入分析上汽是如何推动业务创新转型的。

说到上汽，就一定要说上汽大通（上汽集团全资子公司）的南京工厂，该工厂在 2019 年达沃斯世界经济论坛入选"灯塔工厂"名单，成为继宝马之后又一家获此殊荣的汽车企业，而它的成功很大一部分来源于上汽大通 C2B 用户驱动业务的发展模式，这也是上汽数字化转型过程中在业务创新方面的集中体现。

如今，汽车的消费群体正在年轻化，他们的需求越来越追求个性化和多元化，而汽车行业传统的 C2B 模式已进入同质化的发展阶段，每家汽车企业提供的服务都大体类似，缺乏吸引力。而在这个背景下，由用户需求牵引企业业务发展的新体验就成为未来制胜的关键，而上汽大通正是敏锐地察觉到这一点，才开启了 C2B 模式在汽车行业大放异彩的先河。

用一句话概括上汽大通 C2B 模式的内涵就是：借助用户驱动来实现企业平台化转型和组织流程再造。

例如，上汽将其业务流程分为产品需求、车辆选配意向、正式下单、接受车辆 4 个阶段。在产品需求阶段，上汽让用户通过"用户运营"的模式参与产品的设计开发；在车辆选配意向阶段，根据用户的定制要求，为其智能推荐配件或评价车辆的性能；在订单配送期间，基于日历订车交期反馈、物流实时追踪管理等系统，实现在 C2B 模式下计算实时的交车日期，这样可以有效地将用户需求的日期与生产计划相结合。可以说，基于上述努力，上汽成功打通了营销体系和研发制造体系的数据链，有效满足了用户个性化产品和服务的需求。

上汽大通曾经推出"D90"车型，这款车的产品定义阶段发布了 18 个定义点，而用户根据这些定义点提交了近 3 万条需求，这在一定程度上直接决定了概念车的车身长度、驱动形式等基础特征，如此一来，用户的需求就直接体现在概念车产品中。

在用户参与设计阶段，"D90"的车身采用了高校学生设计的元素，"D90"车头处的满天星格栅也来源于用户设计。"D90"通过融入用户的创意来驱动产品向更加个性化的方向发展。

不仅如此，用户也参与了后续"D90"的性能测试。例如，用户曾与工程师参与迪拜高温测试"D90"；在 –20℃ 的黑河共同完成低温试验；工程师与越野用户共同试验"D90"的越野性能。用户全程参与验证阶段，更加了解和认可产品。

在销售阶段，"D90"有 66 万用户参与其中，上汽通过收集、整理、分析这些数据，制定最合适的价格策略。

上述"D90"的例子阐释了上汽大通的 C2B 模式，而这也是上汽整个集团在数字化转型过程中业务创新的缩影。

上汽的最终目标是打造一个全场景智慧出行综合体，目前已经推出集网约车、企业租车、出租车调度、分时租赁等业务为一体的出行服务平台，已集聚 3000 万名用户，年服务触达用户的频次为数亿次，其所搭建的"我行"平台已经有 700 万粉丝，累积 2 亿余条用户数据和 5000 万用户标签。在提升用户体验的同时，企业潜在客户转化率提高 30%，销量持续保持年复合增长率 60% 以上。

总体来看，上汽的数字化转型从总体资源的优化布局入手，再细化到提高管理效率，落实于业务模式的转型创新，最终回归到整个行业的生态。

重点

·上汽首先从整体资源的布局入手，协同推进技术中心的落成和人力资源队伍的组建，强化企业数字化转型的资源支撑。

·上汽将 C2B 模式成功应用于自身的业务转型，借助用户驱动实现企业平台化转型和再造组织流程，大大提升了用户的体验、潜在客户转化率及销量。

❖ 4.2.2 案例 2：江苏交通控股有限公司

江苏交通控股有限公司（以下简称"江苏交控"）是 2000 年由江苏省委、省政府成立的一个交通基础设施建设项目投融资平台，其主要业务围绕江苏高速、铁路、港口、机场四大板块开展。

江苏交控净资产、利润总额和纳税总额始终保持江苏省属企业第一，以连续 5 年超百亿元利润的经营质效在全国同行和地方国企中位居前列。不仅如此，江苏交控还凭借多项数字化转型成果成为行业标杆示范，入选"2020年度国有企业数字化转型优秀案例"。可以说，江苏交控的转型成功准确回应了我国建设智慧交通的发展目标，引领了国企数字化转型的新形势。

数字化转型升级离不开技术的支持，因此，江苏交控在搭建其数字化转型框架的第一步就是以基础设施数字化为牵引，推动各项业务的信息交互、数据共享，为后续实现管理数字化、智能化转型升级打好基础。这一阶段的工作具体可细分为以下两个方面。

一方面，夯实数字化管理的技术支撑。江苏交控积极构建适应自身业务特点和发展需求的"云、网、边、端"一体化平台。在云计算方面，江苏交控率先使用"公有云"部署应用，能够节省 70% 以上的建设资金和建设周期；在网络方面，江苏交控研发并部署了精准适配智慧交通特点的软件定义广域网，凭借超过 99.9% 的车牌云识别准确率和毫秒级响应时间领跑全行业；在边缘计算方面，江苏交控自主开发了拥有计算与编程能力的边缘设备和操作系统，成功解决了 20 多年来高速公路信息化建设中应用设备不统一的问题；在终端方面，江苏交控自主研发超融合终端设备产品，为迈向万物互联的未来高速新场景做好了充足的准备。

另一方面，在技术支撑的基础上，江苏交控完善业务管理的数据支撑。因为任何一项技术的研发或平台的搭建，最终都要落实于用数据服务业务的目的，所以江苏交控建设了贯穿全系统、打通全业务的"一站式"门户平台"交控云"，通过这个平台渗透组织末端，覆盖全体员工，打破"数据孤岛"和业务壁垒。最终的效果是全企业 200 种应用、上亿条数据在"交控云"平台融合汇聚，实现了不同业务链条的数据互联互通，用数据奔跑代替人力沟通，各业务之间的协同管理效率提高了 20%。

江苏交控在升级完基础技术设施后就瞄准重塑高速公路管理新模式这个目标。江苏交控从高速公路的管理业务出发进行梳理，将其精准划分为智慧调度、智慧养护、智慧扩容 3 个场景并进行重构。

在智慧调度方面，为了克服传统交通拥堵或发生事故时指挥难、救援慢的问题，江苏交控自主研发了"调度云"协同指挥平台。平台汇聚了高清视频、气象、GPS 等感知设备，可以精准预测和智能分级预警未来 15min ～ 2h 路网拥堵情况。与此同时，依托于"调度云"，江苏省的 992 辆清障救援车辆实现了一键智能管理，从事故发生到车辆到达，平均响应时间缩短 4.52min。可以看出，江苏交控利用数字技术有效实现了道路安全自主感知与智能管控。

在智慧养护方面，针对传统公路检修效率低下的问题，江苏交控搭建起行业内首个养护综合管理信息化平台：一方面，使用监控和传感器等技术实现路桥状态可视、可测、可控；另一方面，广泛使用智能评估和大数据决策分析，精准把握道路设施使用寿命的规律。上述两个方面的升级，使公路日常巡查效率提高 50%，覆盖了 100% 的养护智能决策，成功打造出以智慧养护为特色的"苏式养护"品牌。

在智慧扩容方面，江苏交控在大流量路段建成高速公路智能车道管控系统。通过智能情报板、可变信号灯、毫米波雷达等先进的管控技术，精准引导和实时管控每个车道的驾驶车辆，从而减少无序交织带来的碰擦追尾事故，道路平均通行效率提高 7%，车辆平均通行速度提高 44%。

江苏交控将目光落于智慧交通整个行业的新生态，从这个角度完善自身的数字化转型。一方面围绕整个行业的公路网通行展开，另一方面则试图使智慧交通这个行业的服务更人性化。

为了推动路网通行更便捷，增强公众快速畅行的体验感，江苏交控尝试围绕"建管养服"一体化打造"高速大脑"，推进车路协同关键技术攻关，加快路网视频加密、高清化改造和云平台建设。最终实现重大节假日期间全省全天候平均畅通率高达 97.63%，清障救援 30 分钟到达率为 96.87%，

1 小时畅通率达 95.8%，真正实现了"人畅其行、货畅其流"的舒爽体验。

为了使公众服务更智能，更贴心，江苏交控通过 App、微信公众号等渠道将行业内的信息、数据开放给用户，让交通信息全面触达亿万用户，实现了"一键可视""一键救援""一键导航""一键支付"功能，创造了便捷、高效、体贴的"一键"服务模式，有力构建起集交通动态、静态数据于一体的智慧出行平台。

纵观上述江苏交控的数字化转型历程，可以概括为其走的是一条"以我为主、自主可控"的数字化转型之路。无论是自主搭建"云、网、边、端"的新基建架构，还是创新性地实践智慧交通的新型业务场景，江苏交控始终都将核心底层技术牢牢掌握在自己手中，并与自身的业务高度契合，最终达到让所有数字化成果实现"实用、管用、好用"的终极目标。

重点

·江苏交控自主研发设备和系统，解决技术问题。

·江苏交控根据自身业务特点和发展需求，积极构建"云、网、边、端"一体化平台，做好全方位数字化管理的技术支撑。

·江苏交控从强化不同业务场景出发，将数字技术精准用于解决传统交通的痛点，切实把数字技术落实到亟待升级转型的业务场景。

·江苏交控自主创新实现了"一键服务"模式，让交通信息全面触达更多的用户，使服务更智能、更贴心。

⚙ 4.2.3　案例 3：美的"灯塔工厂"

"灯塔工厂"是指规模化应用第四次工业革命技术的一些真实生产场所工厂，这个称号是由世界经济论坛和麦肯锡咨询公司共同遴选出的，一定程度上代表了世界数字化制造的最高水平。这些"灯塔工厂"在提高生产效率、敏捷研发、敏捷交付、企业可持续发展等多项业务流程方面起着重要的引领作用，目前全球"灯塔工厂"共 130 家，我国有 50 家。

美的结合自身数字化转型升级需求，逐步孵化出 4 家全球"灯塔工厂"，本节选取微清顺德工厂来进行分析。

微清顺德工厂的产品覆盖微波炉、烤箱、蒸汽炉等，拥有行业最完整的微波炉产业链，是全球最大的微波炉制造基地。1999 年成立以来，其经历了精益化制造、自动化普及、数字化运营阶段，发展到如今能够综合运用各种数字技术的工业 4.0 阶段。

微清顺德工厂的转型主要从自动化开始推行，从"研、产、销"切入，在实现自动化的基础上，逐步推进整个企业的数字化转型。

在推行自动化的路径上，微清顺德工厂走的是循序渐进的过程。它以工艺突破为牵引，脚踏实地地实现智能制造的目标。例如，从原材料到制造再到装配及最后的成品，每个阶段可能会有工艺技巧上的突破。微清顺德工厂会根据这条工艺路线规划，寻找工艺与自动化结合的可能性，从而逐步实现从少人化到区域无人化，再到智能化，实现从单个点位的简易自动化到局部自动化，再到区域自动化，最终形成无人化的智能智造工厂。

在搭建完自动化智能制造工厂之后，微清顺德工厂就着手推进数字化，其主要目标是构建大规模柔性化定制能力，实现全流程的可视化，最终实现数字化运营。为了实现数字化运营，微清顺德工厂从"研、产、销"多个维度推进数字化。

在研发阶段，微清顺德工厂对产品零部件进行参数化、标准化、模块化设计，从而支持用户自由定制，将智能制造与用户定制有效结合起来；在生产阶段，微清顺德工厂搭建工业互联网平台，实现生产设备的联机和控制，同时将生产管理延伸到供应商，及时调节生产计划，实现柔性定制；在销售阶段，微清顺德工厂使用数字化手段指导营销及服务，例如电商、物流、售后、金融等。

在推进上述数字化的举措下，微清顺德工厂有了一系列的数字化成果，例如，使用基于数字孪生技术的中控大屏，实时获取现场数据，涵盖生产、品质、物流等数据，实现生产过程透明化管理。通过对"研、产、销"全流程的数据采集，实现自上而下的经营指标分解、KPI 结果排名及数据决策。不仅如此，微清顺德工厂在"5G＋工业互联网"方面所取得的成效使其入选广东省首批"5G＋工业互联网示范园区"。

美的将建设"灯塔工厂"的步骤分为 4 步：首先是现状诊断，判断企业目前的资质及优势与劣势；其次是顶层规划，对标美的进行顶层蓝图的描绘；再次是路径设计，根据现状与预期蓝图之间的差异设计数字化系统的功能并进行相应的业务变革；最后是整体项目的落地。

从美的打造"灯塔工厂"的过程中我们可以看出，美的从自动化智造这个切口出发进行整个企业的数字化转型，在提升整体智造的技术能力后，再考虑如何将数字技术落实于业务，产生更大的驱动作用。同样，对一家企业而言，如果想要成功进行数字化转型，遵循由简单到复杂的升级策略，会更容易实现稳扎稳打的成效。

重点

· 微清顺德工厂从推行自动化入手，为数字化转型打好基础。在数字化转型过程中以工艺突破为牵引，循序渐进，逐步实现从少人化到区域无人化，再到智能化的升级过程。

· 为了实现数字化运营，微清顺德工厂从"研、产、销"多个维度推进数字技术与业务升级的紧密结合。

· 美的"灯塔工厂"的构建并不是一蹴而就的，而是遵循从简单到复杂，由单点到系统这样一个逐步升级的原则。

✿ 4.2.4 综合案例点评

通过上述 3 个综合案例，我们可以看出，企业在数字化转型的过程中，应充分结合自身的情况进行具体的升级。透过这些企业，我们不难发现标杆企业数字化转型过程中的一些共性，而这些共性就是企业在数字化转型的过程中可以学习和借鉴的宝贵经验。

☉ 顶层设计："点、线、面、体"，逐步深入

企业的数字化转型是一个循序渐进的过程，尽管在江苏交控和上汽两个案例中并没有明确指出，但是如果深入分析会出现，两者的数字化转型与美的构建"灯塔工厂"的过程是类似的：首先要有顶层设计来统筹规划，即有一个明确的最终建设目标来引领。

在顶层设计下，可以很明显地看出企业都遵循这样一个发展过程：首先是流程信息化，通过某一"点"上信息的精准应用，实现过程的标准化和结果的可预知，例如，江苏交控从"云、网、边、端"4 点开始发力；其次是业务数字化，实现线上信息的高频交互，形成数字驱动的产业链和价值链，例如，江苏交控将数字技术应用于智慧交通的解决方案，上汽打造的 C2B 业务服务模式，以及美的产业链上的数字化运营；再次是"全域智能化"，通过全域打通"面"上的信息，构建一个全连接、全在线、快速响应、及时决策的智能生态，例如，智慧交通、智慧出行、"灯塔工厂"；最后形成一个数字化贯穿的整"体"，为整个企业的转型升级提供全方位的支撑。

由此可见，数字化转型是一个由"点"到"线"到"面"再到"体"，由"经验判断"向"模型支撑"转变，由"计划调度"向"实时调度"转变，由"线上化"向"智能化"转变的循序渐进的过程。

☺ 瞄准用户，对准业务，解决痛点

数字化转型的本质是以业务为核心，解决企业痛点。

当前不少企业只关注信息化系统建设和技术升级，但管理的数字化、智能化与业务实际需求结合不够紧密，或简单把线下流程业务搬到信息化系统中，这样就出现了技术与业务分离等问题。

而我们能够很明显地从上述 3 个案例中看到，按照"小切口"的思路，优先将数字化、信息化应用在重复多、频率高、需求迫切的业务领域，切实解决企业在生产、运营、服务方面存在的痛点、难点和堵点问题。例如，江苏交控运用各种数字技术解决传统交通场景的痛点，上汽大通运用 C2B 解决传统 B2C 用户吸引力差的问题，美的智能化工厂解放劳动力，这些都很明确地印证了企业要把技术与业务切实结合起来，才会取得升级转变的成效。

☺ 面向服务，提升体验

数字化转型是一个面向服务，提升用户体验的过程，无论是江苏交控的"一键服务"，还是上汽面向大众用户的大规模个性化定制，我们都可以感受到这一过程。在认识到这一点的基础上，我们能够有效地思考应该朝什么方向努力，才能最大限度地提升服务对象的体验。

☺ 数据"说话"，效果量化

一切努力都要用实际效果去衡量，即要呈现具体的成果，在案例中，无论是江苏交控、上汽大通，还是美的，它们将数字技术与业务结合后都产生了明显的成效，这对其他企业而言也是一种启示，要用实际成果来验证数字化转型的成效。

Chapter 5
第5章 | 三步九转功成法

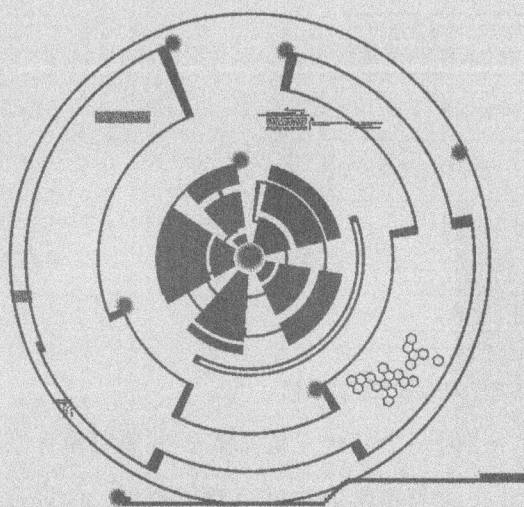

本章将介绍一套数字化转型落地的系统方法——三步九转功成法。三步九转功成法框架结构如图 5-1 所示。

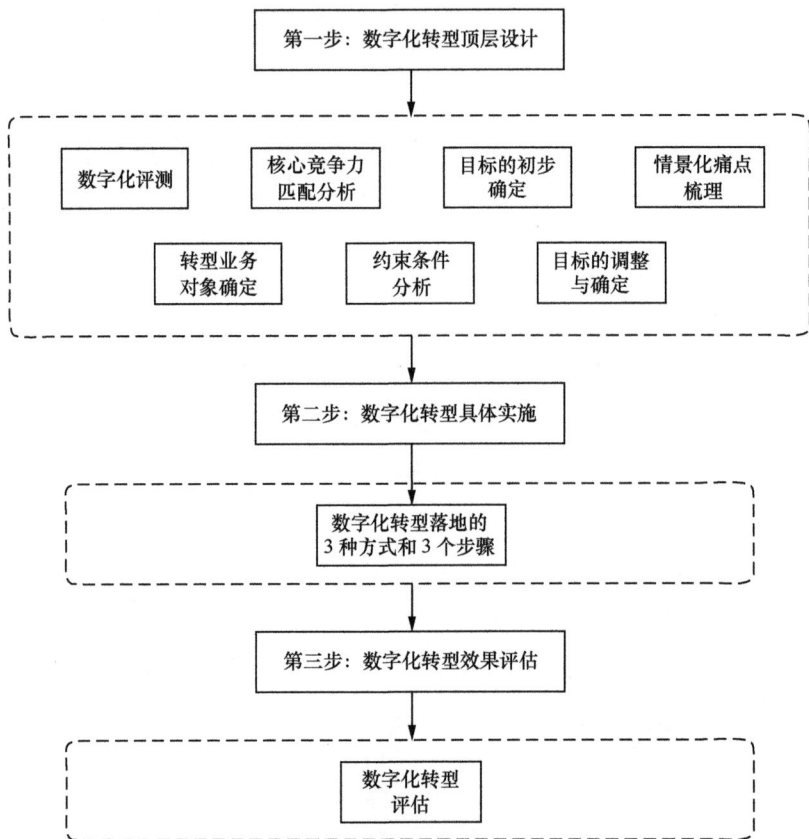

图 5-1　三步九转功成法框架结构

数字化转型是一个系统工程，任何一个系统工程都需要有顶层设计来指明前进的方向。因此，采用数字化思维与科学方法进行整体规划，做好顶层设计，是企业数字化转型真正实现落地的重要保障。

三步九转功成法的第一步就是数字化转型顶层设计。正所谓良好的开端是成功的一半，顶层设计的重要性不言而喻。第一步涵盖了"九转"中的"七转"：第一转，企业需要重新审视自己，评测自身的数字化成熟度；第二转，从宏观、中观、微观 3 个层面进行分析，让企业进一步明确自己的核心竞争力、商业模式与定位；第三转，企业要确定转型的第一个目标，将第一个目标拆分成可量化、可操作的指标；第四转，企业要学会抓住转型中的主要矛盾与痛点；第五转，企业要从业务层面出发，基于痛点对业务对象进行筛选；第六转，让企业了解转型中的一些重要约束条件，进一步明确转型的可行性；第七转，让企业认识到转型是一个动态且长期的过程，并进一步了解在该过程中如何调整和确定转型目标。

在第二步数字化转型具体实施的过程中，企业将了解转型实施的 3 种方式—自建、外包及混合，同时掌握转型实施的三大步骤—明确业务对象、明确业务过程和明确业务规则。

第三步，企业应学会对其数字化转型的效果进行评估。

5.1　第一步：数字化转型顶层设计

5.1.1　数字化评测

> **收　益**
>
> **认知收益**
> ·认清企业现状，做好顶层设计，一步一步地实现"点""线""面""体"的数字化转型
>
> **知识收益**
> ·了解企业数字化的6个阶段

⏰ 企业数字化的 6 个阶段

◎第一阶段：完全没有数字化应用

意识层面：缺乏数据驱动的意识，以主观意识进行决策。

工具使用：未使用任何数据分析工具。

常见于一些小企业或个体工商户等，业务范围仅覆盖周围一小片区域，业务的协同需求不强烈，只需要自己完成即可。

◎第二阶段：简单使用数据分析工具

处于第二阶段的企业使用数据分析工具大多出于个人或某些部门的诉求，例如，为了提高效率，使用 Excel 处理数据。一份 Excel 报告的内容是相对单一的、片面的。综合来看更多维度的数据才能对决策者有帮助，单一、片面的数据难以为决策者提供更宏观的分析维度。因此，这类简单的数据分析工具难以支撑企业的数字化发展。

◎第三阶段：企业级数据分析工具的使用

第三阶段显著的特征是从个人的数据应用上升到企业级别的数据应用。这意味着企业已经开始有规模、有组织地在企业层面进行数据化运营，并借助数据思维来辅助企业的决策和运行。

这类企业最常用的工具是商务智能（Business Intelligence，BI）分析，当然也包含第二阶段提到的 Excel。通常情况下，企业会成立专门的数据分析部门，聚集专业的技术人才，这些人才使用数据分析工具来制作数据报表，集中体现数据类型、体量、动态等信息，并基于数据分析的结果，对企业当下的发展情况进行评判，并得出结论，给予企业当下及未来的发展建议。

处在第三阶段的企业会面临 3 个明显的数据运用弊端：第一，数据获取、整合、分析、反馈的流程长，业务响应效率低；第二，技术门槛高，只有专人使用和维护，难以覆盖企业全方位的日常管理；第三，数据分析比技术驱动更依赖人力劳动，无法适应需求复杂的情况。

因此，虽然第三阶段是数字化转型的"入门"阶段，但要满足企业的数字化转型需求，还相距甚远。

◎第四阶段：能够系统化地运营数据

比起第三阶段企业的数据分析应用，第四阶段企业的进步之处在于搭建了系统化的数据运营架构，并能让数据应用于业务之上。这反映出企业已从单纯的数据分析阶段进入数据治理阶段。

数据分析指对各种数据进行分析，并从中挖掘数据所反映的信息，是数据治理的初级环节；而数据治理则是让数据和信息流通于业务领域，真正解决一些业务侧的问题。

因此，第四阶段的企业所拥有的数据技术团队不再局限于"辅助"的角色，而是开始向"价值主体"的角色转变。数据技术团队通常已具有一定规模，能够为企业解决一些通用型数据问题，满足企业部分核心部门的需求，并自主打造一些浅层的应用产品。与此同时，这类企业的数据运营工具也更加丰富和全面，包括数据分析、数据加载、数据仓库，覆盖数据治理全链路流程，且拥有专业的技术团队负责流程中转工作。

随着数据与业务的捆绑程度不断加深，第四阶段企业的数据运营流程会比第三阶段复杂得多，对数据技术部门的能力要求也更高。一方面，这类企业的数据治理一般会按照以下模式开展：业务人员根据自己所负责的产品提出数据分析的需求；数据分析部门建立分析模型，并给予改进和解决方案；技术部门使用代码转化数据分析结果和模型，使数据变成可应用的程序和产品；业务人员使用程序和产品优化业务执行。这个过程要求部门间密切配合。例如，银行用户的信用评估体系的实现，需要经历业务人员的直接沟通反馈、数据部门的记录分析、技术部门的代码转化，最终在银行客户端呈现信用评分。另一方面，数据技术部门需要明晰各产品数据之间的互通价值，掌握综合运用数据的方法，并始终维护数据应用各环节的稳定和安全，这需要数据技术人员具备综合数据处理能力。也正是因为这种模式，数据技术部门需要支撑整个业务体系运转，小到个人业务的需求应对，大到整个企业运营流程的搭建，承载力有限，难以在产品层面进行深入研究和开发，导致企业层面的数据应用不够深化，最终不足以支撑企业的数字化转型。

◎第五阶段：数据驱动业务

与第四阶段业务人员获取数据的路径复杂冗长相比，第五阶段的业务人员更高效。数据中台的建立打破了传统以技术团队为核心的数据挖掘模式，实现数据沉淀，技术赋能业务，一线人员可以自由使用这些数据来完成自己的数据分析，释放了技术人员枯燥乏味的事务性工作。数据驱动业务如图 5-2 所示。

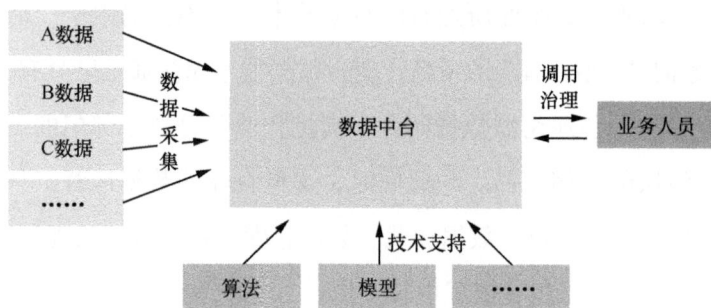

图 5-2　数据驱动业务

数据由采集方（例如工业传感器、监视系统等）作为数据输入端，通过数据中台进行处理后沉淀，数据中台可以直接将数据封装打包，形成结构化的资料输出给业务人员。数据中台高效地解决了企业全域数据汇聚的问题，改变了传统数据存储方式的"数据孤岛"问题，沉淀数据资产，建立数据间的关联，实现数据之间的价值共通。基于数据中台满足复杂的数据应用场景的综合分析，为业务人员提供系统化、全局化的视角，为业务创造更大的价值。

业务人员如果有数据需求，则不必依赖专业技术人员的支持，能够自助式地定制自己的产品需求，大大缩短从需求到结果的时间周期，同时也提高了分析自由度，增强了业务应用灵感。业务人员给技术人员的输入由分析数据变为能力模型的诉求。因此，技术人员不必特意写代码实现业务人员提出的数据分析需求，而是花更多的精力聚焦于数据分析通用能力优化、模型构建、算法研发、数据沉淀等方面，使企业自身的数据中台不断壮大，为业务人员提供足够的便利，赋能业务，形成业务人员与技术人员相互促进的协作方式。

◎第六阶段：数据驱动决策

处于第六阶段的企业已经有了完备的数据中台能力。从横向来看，该阶段打通了多业务领域的数据隔离问题，创造了统一的数据共享中心，形成了数据生态；从纵向来看，该阶段打通了由一线数据采集到业务分析之间的阻碍，架起了数据流通的桥梁；从整体来看，该阶段打通了真实数据到决策层的壁垒，使决策者可以系统性地总揽全局，数据决策与人为决策相配合。

除了数据能力，该阶段更重要的是人才。技术人员不仅专注于技术，更能从业务的角度抽象、提炼业务模型。随着企业数据量的增加及数据价值的体现，企业更加注重数据安全、隐私安全等，加强对数据资产的保护。非技术人员拥有数字化意识，各级角色能够在不同的应用场景中灵活地运用数据，实现自身的业务价值，并能够在业务领域实现创新，获得收益，真正做到"数据驱动"。这就要求企业要有一套完善的数字化人才培养体系。人才与技术双向发展，可以为企业源源不断地提供价值。

例如，中国移动构建了智慧中台能力服务体系的蓝图，将应用软件、硬件设备、平台、规范、标准、组织、流程、文化等有机结合，并形成运行机制，搭建了业务中台、数据中台和技术中台，三大中台相互赋能、相互沉淀，共同为企业服务。

可见，第六阶段的企业通常是全面发展的，例如华为、阿里巴巴、京东等，而这是技术、人才、数据、管理等多个方面共同协作的结果。第六阶段通常是企业数字化转型的目标，目前除了极少的行业领军企业，大部分企业与第六阶段还有较大的差距。

⊙ "点""线""面""体"的匹配

数字化转型是一个系统工程。第二阶段的企业是在局部的某个"点"上运用了一些简单的数字化工具，但若干个"点"是独立的；第三阶段的企业通过数据分析工具让技术部门与业务部门联合，为"点"与"点"之间创建了沟通和协作的桥梁，形成一条条"线"；第四、五阶段的企业对数据的管理已经有较为成熟的方式，完成了数据中台的搭建，形成了数据网络，充分沉淀了数据价值，由各条"线"连接在一起，组成了各业务数据互通的"面"；第六阶段不仅重视数据，还让业务、数据和技术相互赋能、相互促进沉淀，形成了一个系统整体。

企业根据自身的现状可以分析出自身当前处于哪个阶段，离下一个阶段还差哪些因素，制定战略逐一攻破。企业数字化转型的路径未必是一步一步的，也可以多条线路并行，目前大多数企业处于第三阶段或第四阶段。

⚙ 5.1.2 核心竞争力匹配分析

↘ **收 益** ↙

认知收益
- 企业在数字化转型过程中需要全面地了解自己所处的环境
- 企业核心竞争力的突破点在于企业如何定位

知识收益
- 了解PEST宏观环境分析方法
- 了解如何使用波特五力模型进行行业环境分析
- 了解如何使用SWOT分析方法进行企业微观环境分析
- 了解商业模式画布和精益创业画布分析

在顶层设计中，一项重要的工作是分析企业数字化转型与企业核心竞争力的匹配程度。

事实上，让企业在如今的竞争浪潮中站稳脚跟的并不是跟风模仿，进行同质化的竞争，而是积极发挥自己的优势。

在分析企业数字化转型与企业核心竞争力的匹配程度之前，我们必须充分地了解企业所处的环境，即进行环境分析。我们只有清楚地理解当下企业的处境，才能更好地找准企业数字化转型的定位，基于定位，我们能了解企业内部需要优化或淘汰的业务，以及各项资源如何倾斜等一系列问题。

这里的环境不仅包括宏观的环境分析，也包括行业环境和企业的微观环境。逐步深入的环境分析对于企业找准自身定位、进行核心竞争力匹配是一项必不可少的工作。

◴ PEST 宏观环境分析

宏观环境分析通常采用 PEST 宏观环境分析方法。

P 是政治环境（Politics），包含国际关系、政治局势和方针政策等；E 是经济环境（Economy），包含国家的经济形势、宏观经济政策和经济发展水平等；S 是社会文化环境（Society），包含地区的宗教信仰、风俗习惯和价值观念等；T 是技术环境（Technology），包含新技术、新材料、新工艺等。我们通常通过这 4 个因素来分析企业所面临的状况。

◎政治环境

《"十四五"数字经济发展规划》为数字化转型提供了蓝图，《中华人民共和国网络安全法》《中华人民共和国数据安全法》《数据出境安全评估办法》等一系列法律法规，给数字化转型提供了法律支撑。政治环境中既包含机遇，也蕴含挑战，我们只有对大势有着清晰的认知，才能更好地把握风口，逐浪而行。

◎经济环境

经济环境多指国家及地方的经济政策。《"十四五"数字经济发展规划》

着重强调加快数字化发展，建设数字中国。在这一号召下，各地纷纷响应打造数字经济新优势的要求，建设一系列数字化产业孵化基地，颁布多项政策扶持积极推进数字化转型的企业。从这些经济政策中，不难看出顺应国家经济政策的导向来确定企业的发展方向，往往会达到事半功倍的效果。

当然，经济环境也会涉及金融环境、投资环境、人口结构和人均收入等一系列要素，不同的经济环境要素可能会对企业的发展决策产生不同的影响。例如，在人口结构方面，如果某地老年人人口比例较高，那么企业可能会向"银发经济"（也称老年产业，指专为老年人消费服务的产业）发展，如发展智慧家庭健康服务、智慧医疗等。

◎社会文化环境

不同地区的人的审美偏好不会完全一样，如果企业按照既有的用户画像去设计国外市场的产品，则难以适应当地消费者的需求。企业要思考每个地区消费群体的价值观念、文化传统和用户偏好，描摹不同的用户画像，从而有针对性地展开设计和营销策略。

无论是不同地区的风俗习惯，还是不同企业管理文化理念之间的差异，都会深刻影响企业日后的发展策略。

◎技术环境

技术环境主要涉及一系列新技术、新工艺和新材料等。技术裂变会产生商业裂变。倘若企业对技术变革不闻不问，不去对其进行深入分析和了解，那么会在效率、服务模式等方面远远落后于其他企业。因此，企业应密切关注当下的技术环境变革，防止与新时代的行业生态脱节。

☉ 波特五力行业环境分析

通过 PEST 宏观环境分析，我们对企业所处的宏观环境有了一定的认知。处于同一个社会大环境下，不同行业的发展现状与发展境遇不会完全相同。

例如，信息技术基础优越的互联网行业与自动化程度相对较低的传统农业，两者所面临的行业环境是完全不同的。

我们可以借助波特五力模型来对行业环境进行分析。

波特五力模型确定了 5 种主要的竞争力，即供应商的讨价还价能力、购买者的讨价还价能力、行业内现有的竞争对手、潜在进入者的威胁，以及替代品的威胁。将上述 5 种不同的因素汇集在一个简便的模型中，分析一个行业的基本竞争态势，进而感知行业整体的发展环境。

◎供应商的讨价还价能力

例如，京东商城作为重要的电商购物平台，有很多商家都争先恐后地入驻京东商城，此时，京东就拥有了极强的讨价还价能力，在制定具体的收益规则时就拥有了相当大的话语权。

再如，我们在数字化转型的过程中可能需要智能化设备提供支撑，而这些设备的供应商拥有极强的讨价还价能力，这时我们就需要思考有针对性的解决策略。

◎购买者的讨价还价能力

例如，一家汽车制造商要购买零件，而提供这种零件的卖家有很多，这时汽车制造商就拥有很强的讨价还价能力，会为了获得用户而展开更加激烈的竞争。因此，我们可以看到购买者的讨价还价能力会对企业的生存和发展产生不可忽视的影响，这是企业数字化转型的道路上必须考虑的因素。

◎行业内现有的竞争对手

在制定企业的数字化转型策略时，必须对企业所处行业的市场结构有一定的了解。例如，判断目前的市场结构是完全垄断市场、寡头垄断市场，还是垄断竞争市场或完全竞争市场。

对于行业内现有竞争对手的了解无疑是非常重要的，正所谓"知己知彼，百战不殆"，没有硝烟的商业战场上的竞争也是如此。

◎潜在进入者的威胁

潜在进入者主要有两类，一类是具有垄断资源的企业，另一类则是跨界竞争的企业。具有垄断资源的企业新进入某个行业时，往往具有很雄厚的资金、技术等优势，它们通常会对中小企业产业巨大的冲击；跨界竞争的企业也会给其他企业带来冲击，例如电信运营商的短信业务受到微信业务的冲击。

总而言之，如果企业不想在进入市场的过程中"猝死"，就必须多留意潜在竞争者。

◎替代品的威胁

数字化时代的信息技术发展日新月异。例如，同样是为了满足出行，汽车的出现代替了马车；同样是为了实现通信，手机的出现代替了寻呼机。

替代品不仅包含新技术之间的替代，也包含商业模式的更迭，在替代品中我们总会优先选择更具有竞争优势的一方，因此企业为了避免被替代，需要时刻关注行业内的技术变革及商业模式变更，以便做好应对之策。

⊙ SWOT 企业微观环境分析

企业通常使用 SWOT 进行微观环境分析。

SWOT 企业微观环境分析方法主要从 4 个方面来对企业进行分析，分别是机会、威胁、优势和劣势。机会和威胁通常来源于企业外部的宏观环境，例如，政策支持或潜在竞争对手的出现；优势和劣势则更多是企业自身的因素，例如技术方面和管理方面。企业要结合自身的实际情况来进行分析。

以下通过中国广电的案例进一步说明 SWOT 企业微观环境分析方法（以下分析仅代表作者个人观点，仅根据 SWOT 理论做分析路径的示例，不代表中国广电的实际战略和策略选择）。

我国倡导"要在世界范围内讲好中国故事"，而中国广电作为非传统电信运营商，不仅是国家传播基础设施，更承担着主流舆论传播主渠道的角色，这对中国广电来说是机遇。传统电信运营商积淀深厚，年投资额高达几千亿元，中国广电作为后进入者若与传统电信运营商进行存量市场竞争，风险无疑是巨大的。

中国广电与三大电信运营商的对比见表 5-1。

表 5-1　中国广电与三大电信运营商的对比

电信运营商	优势	劣势
中国移动	C 端明显优势：移动用户份额达 59%，用户数达 9.4 亿	5G 最大"蛋糕"，政企业务薄弱
中国电信	B 端领先优势：政企客户市场份额占比 50%；全球运营商云市场份额排名第一；IDC 业务国内综合排名第一	资金不足，5G 投资压力巨大
中国联通	制度相对优势：已进行混改，体制机制相对灵活	
中国广电	频谱优势：700MHz 频段。内容优势：传统核心业务	缺乏移动通信网络；缺乏移动通信网络运营经验；资金不足

面对机遇、威胁、优势和劣势，中国广电应该采取相应的战略。中国广电的战略选择见表 5-2。

表 5-2　中国广电的战略选择

三大竞争战略	战略分析	广电战略选择
总成本领先战略	投资、运营维护成本巨大，无法与传统电信运营商直面竞争	✗
目标聚焦战略	补短板、用长板	✓
差异化竞争战略	基于长板定位，人无我有、人有我优，形成核心竞争壁垒；抢夺 5G 的 B 端（乡村振兴）/G 商（政府）/H 端（家庭），增量蓝海市场	✓

从表 5-2 中可以看出，因为中国广电欠缺搭建 5G 网络的资金及经验，所以并不适合总成本领先战略，可以通过目标聚焦战略和差异化竞争战略形成自己的独特优势，基于自己的长板定位，形成人无我有、人有我优的竞争态势，

从而形成核心竞争壁垒。

在确定采取上述战略后，中国广电应该如何将其落实于业务的发展中呢？

此时，可以根据波士顿业务矩阵进行分析。中国广电的波士顿业务矩阵如图 5-3 所示。简单来说，波士顿业务矩阵就是根据销售增长率和市场占有率将业务的竞争力和潜力划分为 4 种不同的类型。销售增长率和市场占有率"双高"的业务属于"明星"业务；销售增长率和市场占有率"双低"的业务属于"瘦狗"业务；销售增长率高、市场占有率低的业务属于"问题"业务；销售增长率低、市场占有率高的业务属于"金牛"业务。根据图 5-3 的分析结果，再结合发展战略，结果显而易见，中国广电需要稳"金牛"业务、抓"明星"业务，即发挥传统内容核心业务的优势，占领市场，同时集中资源发展 5G 新业务。

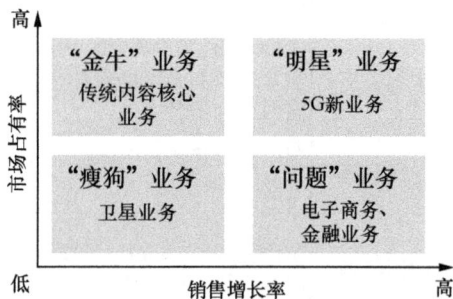

图 5-3　中国广电的波士顿业务矩阵

通过上述分析过程，我们可以看出微观分析对于企业战略发展的必要性，但无论分析结果如何，抓住机遇、回避挑战、扬长避短都是正确的制胜之道。

核心竞争力的匹配分析

◎定位理论

在深入了解宏观环境、行业环境、企业环境后，企业必须在此基础上找准自身的定位。杰克·特劳特在其 1980 年出版的《定位》一书中提出了定位理论，因为定位是产品或者服务走向品牌的第一步，所以企业必须在外部市场竞争中明确界定能被用户接受的定位，再回过头来引领内部运营，才能使企业的成果（产品和服务）被用户接受，从而转化为业绩。

以下通过中国邮政的案例来进一步说明找准自身定位的重要性。中国邮政如今有很多业务板块，例如传统邮件寄递、快递物流、金融保险及电子商务等，那么其应该怎样找准自身的定位？

与其他新兴的竞争者相比，中国邮政的优势在于它在一定程度上代表了国家为人民服务的性质，因此中国邮政提出了"人民邮政为人民"的服务宗旨，也就是把服务对象当作亲人。例如，江苏省如皋市是有名的长寿之乡，有很多老人无儿无女、无亲无友、无依无靠，生活非常困难，而如皋市的 137 名邮政员一边完成繁重的投递任务，一边为孤寡老人办好事、解难事，他们把乡间邮路变成了连接底层群体的爱心路，做到让老人孤寡不孤独、长寿又长乐。当地的邮政业务也迎来了质的飞升，这就是中国邮政"人民邮政为人民"的定位。

基于这个定位，中国邮政应如何开展业务？以中国邮政威海分公司为例，该公司成立邮乐年华俱乐部，并将其作为与老年用户群体连接的渠道。

诚然，与招商银行、中国建设银行等银行相比，中国邮政的用户群体主要是中老年人，其牢牢把握中老年用户群体。除了提供专业的储蓄、理财、通信、代办票务、代缴费等服务，邮乐年华俱乐部还会专门为老年用户定期开展理财讲座、防诈骗讲座，增强老年用户的风险防范意识，增加老年用户的维权法律常识。与此同时，还定期组织网点的老年用户进行广场舞大赛、门球比赛等多项活动，联络感情、增进交流。

在"银发经济"的大背景下，中国邮政通过情感和信任开展各种业务，例如养老保险、储蓄理财等，由此可见，"人民邮政为人民"的定位是很适合中国邮政的。合适的定位不是一味地去补齐短板，而是充分发挥优势，帮助企业自身在用户脑海中树立独特的形象，进而开展业务，这对企业而言，也恰恰是一个准确定位的重要性表现。

◎商业模式画布

商业模式画布是把企业商业模式所涉及的主要元素拆解在一张"图纸"上，

从而使我们清楚地了解企业商业模式各元素之间是如何相互作用的。商业模式画布如图5-4所示。

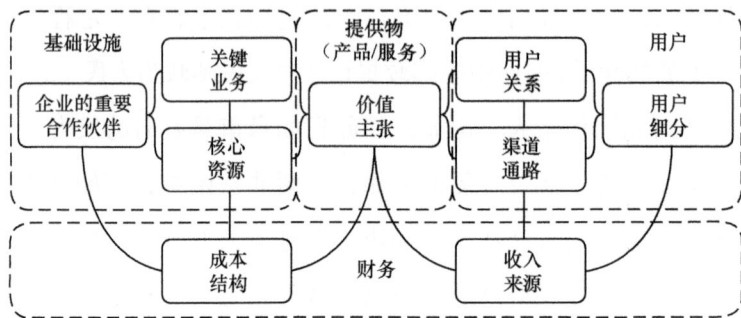

图5-4　商业模式画布

商业模式画布分为四大模块，分别是基础设施、提供物（产品/服务）、财务及用户，具体组成包含9个因素，基础设施模块由企业的重要合作伙伴、关键业务及核心资源组成；提供物（产品/服务）模块是企业的价值主张，也就是企业能够为用户提供什么样的产品或者服务；财务模块涉及成本结构和收入来源两个部分；用户模块包含用户细分（也就是用户分类，例如年轻用户、老年用户）、用户关系及获得用户的渠道通路。

商业模式画布将一个复杂的商业模式拆解为一个个简单的组成元素，我们可以清楚地了解企业内部的关键业务、核心资源，以及企业如何进行用户细分、建立用户关系等信息。

以视频行业为例。我们对视频行业的企业进行商业模式画布分析时发现，它们的商业模式几乎是没有区别的。例如，它们的价值主张都是提供优质的视频内容，用户群体也都涉及全年龄段，获得用户的渠道是通过线上广告进行推广，在财务的收入来源方面也都依托会员业务和广告费，唯一的区别是各自的核心资源不同，也就是拥有一些视频的独家版权。

在这种情况下，要想从版权竞争之中挣脱出来，企业就必须转换思路和视角。

例如，抖音在商业画布上挖掘出短视频的行业契机。一方面，抖音发现短视频更符合当下"速食时代"的特性；另一方面，过去拍视频是专业人士才有的权利，但短视频的出现，毫无疑问使普通大众可以成为内容的生产者，都能在此拥有一席之地。如此一来，我们看到用户从一开始的内容消费者转化为内容生产者，企业获取用户的渠道也不仅仅局限于广告营销，更多的是依靠用户自愿转发分享。我们可以看到，抖音为用户在视频方面提供了新的玩法、新的价值，这就是抖音从商业画布上所挖掘出的核心竞争力。

一个行业的后入者要想取得成功，就必须在商业画布上准确地找出自身的核心竞争力，可能是价值主张，可能是用户群体，但永远不要和行业里的竞争对手进行同质化竞争，这样才能在快速变化的行业环境中拥有属于自己的一席之地。

◎精益创业画布

精益创业画布的概念最早来自硅谷学者阿什·莫瑞亚，他对于精益创业画布最早的设想正是来自商业模式画布。

精益创业画布与商业模式画布有一定的相似之处，阿什·莫瑞亚为了表达对商业模式画布的尊重，在表现形式上沿用了商业模式画布的形式，两者都将问题的分析划分为 9 个因素。

精益创业画布最大的特点是针对处于从 0 到 1 阶段的企业，对在创业早期并希望找到突破口和切入点的企业更加有效，而商业模式画布的阶段更往后一些，是针对企业从 1 到 10 过渡的阶段。

共享照片精益创业画布如图 5-5 所示。从图中我们可以清晰地看出其与商业模式画布的相似性，两者都有 9 个因素，涉及用户群体分类、渠道、成本及收入分析等，不同之处在于精益创业画布涉及行业中现存的问题或痛点、解决方案及独特卖点 3 个因素。只有深入发掘行业现存的痛点，并提出具有独特卖点的有效解决方案，企业才能抓住机遇，实现从 0 到 1 的转变。

【一、问题】 1. 共享大量的照片、视频非常耗时 2. 不知道如何分享视频（或转换格式） 3. 担心数据文件会丢失，因为没有备份 现有解决方案： Flickr Pro、Facebook	【四、解决方案】 随时分享，无须上传 自动视频转换 云备份原始文件	【三、独特卖点】 以最快的速度分享照片和视频 简短宣言： 无须上传即可轻松分享照片和视频	【九、门槛优势】 社区	【二、用户群体分类】 父母（创建人） 家人和朋友（浏览人） 早期使用者： 家有婴幼儿的父母
	【八、关键指标】 获取：注册 激活：创建第一个相册 留客：共享相册或视频 收入：在试用后付费 口碑：邀请朋友家人		【五、渠道】 幼儿园 生日聚会 AdWords Facebook 社交平台 口口相传	
【七、成本分析】 服务器成本：××××元 人力成本：每月××××元		【六、收入分析】 30天免费试用后每年收取200元		盈亏平衡点： ×××个客户

图 5-5　共享照片精益创业画布

　　在我们发现共享大量照片耗时、格式转换难、易丢失的痛点之后，可能会思考搭建一个具备随时分享、自动格式转换及云备份特点的分享平台来解决行业痛点，这就是一个创业契机，而衡量这个方案成功与否的重要标准是该方案是否具有独特卖点。例如，共享照片的行业卖点是能够以最快的速度分享照片和视频。事实上，我们能够看出行业的独特性正是企业核心竞争力的表现，如果企业的方案缺乏卖点，自然无法建立行业壁垒，抵御同行的竞争。

　　由此可见，通过精益创业画布发掘痛点，进而提出独特有效的解决方案是发掘企业核心竞争力的一种有效途径。总而言之，无论是商业模式画布还是精益创业画布，都可以为企业在数字化转型的过程中确定核心竞争力，为企业建立竞争优势提供强大助力。

重点

　　·企业的核心竞争力是什么？（这一点极其重要，可不用分析工具，凭直觉判断）。

　　·选择企业的某个主营业务，确定几个主要竞争对手，画出竞争对手的商业模式画布，并找出企业的突破点，据此画出企业基于此突破点的精益创业画布。

·明确企业的核心竞争力、定位及目标用户群。

5.1.3 目标的初步确定

```
                    ↓↓  收  益  ↓↓

认知收益
·确定数字化转型的第一个目标
知识收益
·了解4类转型目标的概念
·了解如何使用OKRs
```

在完成数字化转型与企业核心竞争力的匹配分析后，企业需要初步确定数字化转型的目标。在此过程中需要注意，确定的目标应是关键的、可量化的、可考核的。数字化转型是为了企业的长久发展，需要落到实处，若是设立一个虚无缥缈、难以执行的目标，就失去了转型的意义。

一般来说，可以将转型目标分为 4 类——效率提升、降低成本、体验提升和模式创新。

◎效率提升

效率提升一般是指通过数字技术提高企业的工作效率，实现更高的质量、更短的生产周期和更快的用户需求响应速度。

例如，华为公司通过与中国移动合作，转型柔性生产制造，将手机生产线上的 108 台贴片机、回流炉、点胶机通过 5G 网络进行无线化连接，最终实现生产线调整时间从 2 周缩短为 2 天；上海外高桥与中国联通合作，针对船舶大型钢结构，使用基于 5G 的视觉精度测量替换了传统的全站仪离线测量，测量时间从原来的 3 ～ 4h 缩短至 20min，测量效率提高了 400%。

◎降低成本

降低成本是指通过数字技术实现一些工作场景的智能化，进而大幅降低企业成本。例如，5G 智能叉车与传统叉车相比，减少投入 50%，提高使用寿命 100%，降低能耗 20%，降低管理成本 90%，提高效率 30%，降低错误率 95%，降低事故率 98%。

◎体验提升

体验提升是指通过使用数字技术提升员工的工作体验。

在一些特殊行业，数字化转型的第一个目标不是提高效率或降低成本，例如，采矿行业最大的痛点是生产安全。在传统的工作场景中，矿工需要深入地下，在缺氧、粉尘等极其恶劣的环境中工作，有时甚至会有性命之忧。因此，采矿行业亟待通过数字化转型提升矿工的劳动体验，保证矿工的生命安全。

酒钢西沟矿业的智慧矿山项目是一个典型的案例。酒钢集团与中国移动、华为公司等合作，开展"5G+智慧矿山"项目，利用 5G 网络大带宽、低时延和高可靠的特性，结合边缘计算、人工智能等技术，实现了采矿设备的远程控制和采场作业的无人化，有效提高了建设智能化矿山的效率，提升了矿工的劳动体验。

具体来说，矿工可以在 5G 远程操控中心远程操控矿场的矿车等设备，有效保障了矿工的安全。另外，管理人员可以在智能管控中心实时监测矿场的情况，并进行智能调度，保证了矿区的安全、高效生产。

◎模式创新

模式创新是指企业管理模式的创新。例如，从关键绩效指标（Key Performance Index，KPI）到目标与关键结果（Objectives & Key Results，OKRs）的转变。

KPI 是衡量流程绩效的一种目标式量化管理指标，是把企业的战略目标分解为可操作的工作目标的工具。OKRs 是一种企业、团队、员工个人目标设定与沟通的最佳实践与工具，是通过结果去衡量过程的方法与实践。同时，

OKRs 还是一种能够促进员工与团队协同工作的思维模式。

从概念来看，KPI 与 OKRs 有些相似，都秉持目标式管理思想，但二者存在本质上的不同。

从使用目的来看，企业使用 KPI 的目的是考核员工，KPI 与员工的薪酬挂钩；企业使用 OKRs 的目的是时刻提醒每个人的任务是什么，OKRs 与员工的薪酬不挂钩。因此，KPI 的本质是绩效考核工具，而 OKRs 的本质是沟通与管理工具。更形象地来讲，KPI 就像秒表，规定了员工在何时需要达成哪些指标，是层层目标自上而下的分解，虽然非常有效，却也相对死板；OKRs 就像指南针，以产出为导向，公开透明地让所有人知道自己和他人的工作目标是什么，想要达成目标的关键结果是什么，以及为什么会有这样的目标。

⚙ 5.1.4 情景化痛点梳理

收 益

认知收益
· 企业应基于自身定位梳理相关痛点

知识收益
· 了解梳理痛点的方法

企业在明确数字化转型的首要目标后，需要梳理企业转型的情景化痛点。企业在梳理痛点时，需要注意 3 点：抓与企业定位相关的痛点而非痒点；抓与企业定位相关的主要矛盾而非次要矛盾；情景化痛点罗列及排序。

第一点是强调企业应当基于自身定位，抓住痛点而非痒点。从用户的需求的角度出发，痛点就是用户的刚需，痒点虽然也是需求，但并不是刚需。例如，vivo 要针对女性用户推出一款手机，女性用户的刚需是拍照，因此 vivo 应思考如何研制出拍照漂亮、防抖动强、色彩饱满的手机。至于手机芯片性能如何，能否流畅运行大型游戏，这些是痒点，无须特别关注。

第二点是强调企业应当抓住主要矛盾而非次要矛盾。主要矛盾是指事物在发展过程中处于支配地位和起决定作用的矛盾，它决定事物的发展方向或进程。企业的精力是有限的，如果要解决所有问题，不仅会耗费大量的时间和资源，还可能一事无成。因此，企业应当从紧要程度、性价比的角度出发，先解决关键问题。

第三点是强调企业应当将情景化痛点罗列及排序。在罗列出诸多痛点后，企业应实事求是，依据紧要程度、性价比和业务价值等要素对这些痛点进行排序，依次解决。

下面以江苏有线为例，具体说明企业如何梳理痛点。

2017 年，江苏有线想要打造全国第一个专为老年观众服务的平台，这也正是企业的定位。此时企业的目标用户是老年人，需要寻找老年人的痛点。

老年人在使用这些线上产品有哪些痛点呢？

首先是如何使用产品。许多老年人对技术的接受能力较弱，他们不会操作智能产品，也不会使用 App。因此，想要服务于老年人，企业开发出的产品必须简单易用，最好是一键式操作。

然后是使用产品做什么。老年人一般比较在意身体健康。因此，开发的产品应该包含线上问诊、养生健体等功能，也应该有影视、戏曲等娱乐型节目，以及历史、教育等知识型节目。另外，企业还可以开展丰富的线下活动，例如，线下开展专家问诊活动，以及举办广场舞比赛、开办老年大学等。

最后是如何接触到产品。由于目标用户是老年人，传统的线上营销方式可能不起作用，企业可以考虑让营销人员深入社区，与老年人近距离接触，进而宣传产品。还可以对老年人开展线下培训，手把手帮助他们熟悉产品的操作，这也有助于和老年人建立亲密关系，培养信任感。

在找到痛点后，企业应该罗列出痛点，并依据紧要程度、性价比和业务价值等要素对其进行排序。

- 线上产品变为一键式服务。
- 提供丰富的老年人线上产品：线上问诊、养生健体、保健品、戏曲节目等。
- 营销人员深入社区与老年人近距离接触，培养信任感。
- 向老年人提供线下培训服务。
- 提供丰富的老年人线下活动：广场舞、专家问诊、老年大学等。

在排序完成后，江苏有线就可以基于自身的能力，依次解决痛点。

5.1.5 转型业务对象确定

收 益

认知收益
- 明确数字化转型是针对业务对象的
- 确定业务对象是一个动态的过程

知识收益
- 了解业务对象的定义

在罗列出情景化痛点后，企业必须确定数字化转型的业务对象。

数字化转型不是针对部门或职能的，而是针对业务对象的，只有确定业务对象后，企业才能继续按照过程、规则的顺序逐步开展数字化转型。

例如，今日头条原来的业务对象是内容，核心逻辑在于通过算法为用户画像，让平台自动为用户推荐可能感兴趣的内容。然而，这种基于内容这一业务对象所确定的业务场景，实际上是相对静态的，用户习惯性地被自己的兴趣引导，不断观看由算法推荐的内容，这一行为又进一步增强了算法，使其为用户推荐更多的同质化内容，久而久之，就形成了"信息茧房"，使用户被封闭在一个空间中。

因此，定义业务对象应该做到真正以用户为中心，把用户当作不断成长的、动态的个体，将业务对象确定为用户不同人生阶段的高质量内容推送服务，为用户带来持续性的内容关怀。这就要求今日头条不仅需要收集用户的兴趣爱好等信息，还需要收集年龄等基础信息，以及更多维度的个性化信息，真正站在用户的角度，不仅推荐用户感兴趣的内容，还要推荐对用户有帮助的内容。如此一来，今日头条就不再是供用户消遣娱乐的工具，而是一个始终陪伴在用户身边的内容服务"管家"，真正增强了用户黏性，创造出新的价值。

我们通过一个综合案例来说明企业应如何基于痛点来确定业务对象。智全程是一家跨境物流供应链服务商。在经营跨境物流时，该企业发现了许多痛点，例如，利润低、效率低、售后服务跟不上、成本高且浪费大和物流公司不给力等。

该企业仔细分析了这些问题，发现主要的痛点在于信息流通不畅导致的效率低下，用户满意度低。针对这一痛点，智全程将业务对象确定为全流程的用户智慧供应链服务，打造了第四方物流平台，汇集海量物流资源，采用智能算法与全程可视化的技术，帮助用户在极短的时间获取门到门全程物流运输的方案及价格，并全时段监控货物的运输动态，从国内到国外，从方案查询到订单执行，从全程物流追踪到预警系统，为用户打造一个智慧、全程、赋能、透明的"一站式"物流服务平台，真正做到了以用户体验为中心，大幅提高了效率。

⚙ 5.1.6 约束条件分析

收　益

认知收益
· 分析企业数字化转型的约束条件，及时调整转型目标

知识收益
· 了解分析企业数字化转型的约束条件

在初步明确了转型目标，抓住了情景化痛点，并确定了具体的业务对象后，企业就需要分析数字化转型的约束条件，进一步调整数字化转型的目标。

一般来说，需要分析企业数字化转型目标与数字技术成熟度、数字技术市场化成熟度、企业数字化成熟度、企业组织和利益相关者意愿 5 个方面的匹配度。

◎ 企业数字化转型目标与数字技术成熟度的匹配度

数字技术是新技术，其中一些技术尚不成熟，也有一些技术虽然已经比较完备，但其实际应用时所需的配套技术尚不成熟。因此，企业在数字化转型时一定要将自己的转型目标与要使用的数字技术成熟度进行匹配分析，确认该技术及其配套技术已经足够成熟，才能起到良好的应用效果。

◎ 企业数字化转型目标与数字技术市场化成熟度的匹配度

有些数字技术虽然已经比较成熟，但是市场化成熟度不够，企业在数字化转型时应该考虑到这一点。

例如，虽然 VR 技术已经比较成熟，市场上也有相应的设备（例如 VR 眼镜等），但是其在使用过程中仍存在一些问题。

首先是价格。 市场上的 VR 眼镜主要包括 VR 头盔、VR 一体机和手机 VR 盒子 3 种。VR 头盔体验最好，但是价格一般在 5000 元以上，适配的计算机一般在 10000 元以上；VR 一体机可以看作简化版的 VR 头盔，市场占有率最高，但是设备比较笨重，价格一般在 2000 ～ 4000 元；手机 VR 盒子的价格仅为几百元，但是用户体验较差。

其次是体验。 虽然 VR 眼镜能为用户带来较好的沉浸体验，但目前仍存在用户眩晕、闷热、头部压力大等问题。在解决上述问题前，VR 眼镜的体验还称不上优秀。

最后是应用。 目前用户主要使用 VR 眼镜玩 VR 游戏和观看立体电影。体验感较好的 VR 头盔与适配计算机的价格太高，导致用户量较少。对游戏生产商而言，与传统游戏相比，VR 游戏开发成本较高，用户量少，厂商盈利较为困难，所以不太愿意开发 VR 游戏，这就导致市场上的 VR 游戏较少。

总而言之，虽然 VR 技术已经比较成熟，但是 VR 市场还不够成熟。企业如果想在数字化转型中使用 VR 技术，虽可行但成本较高。

◎企业数字化转型目标与企业数字化成熟度的匹配度

企业在转型时需要分析数字化转型目标与企业数字化成熟度的匹配程度，制定的数字化转型目标不宜脱离现实，应当与企业数字化成熟度相吻合。

例如，企业目前的数字化成熟度处于初级，还在采用 Excel 存储和分析数据，而数字化转型目标是提高企业的运营效率，使用 AI 技术辅助管理者决策显然是不妥当的。AI 技术的使用一般基于海量数据的分析，因此需要大量的企业运营数据，而且需要通过数据中心系统或 Python 等编程工具进行分析，在企业没有大量数据和可用工具的前提下，使用 AI 技术是不现实的。

◎企业数字化转型目标与企业组织的匹配度

企业的数字化转型首先是转意识、转观念和转组织，最后才是转方法和转模式。因此，企业在数字化转型时需要格外注意目标与组织的匹配程度，一般可以从以下 4 点进行分析。

第一是人。人是企业意识转型、观念转型过程中最核心的要素，而最重要的人当属企业管理者。实践证明，许多工作如果没有企业管理者的重视，是很难取得成效的，即使取得成效也是局部的、暂时的。数字化转型作为企业一项至关重要的工程，必须由企业管理者亲自协调和决策。另外，企业员工愿不愿意共享、愿不愿意转型，这也是很重要的。企业的数字化转型如果没有全员的全力参与和共同努力，也是很难达到预期目标的。

第二是组织。数字化转型战略是一个长期过程，任何一个长期战略的实施势必会给企业的组织方式带来挑战，企业需要对组织方式进行一些变革。企业在转型过程中可以注重技术与业务的结合，从业务视角思考转型的目标，将转型落实到具体的业务运作中，找到技术对业务变化的支撑点，并运用技术改良现有的业务。例如，华为公司早期的组织架构是技术部门与业务部门相分离，于是出现了技术部门只能研发新技术，无法将技术转化成商品的问题。随后华为公司将技术和业务捆绑到一起考核，以商品化思维进行研发工作，建立了以结果为导向的绩效考核方式，有效提高了企业的工作效率。

第三是业务流程。 企业可能需要新技术人才、业务创新人才和能将新技术和业务结合起来的跨领域人才，企业可以培训自己的人才，也可以引进外来的人才。另外，在数字化转型时，企业应当梳理业务流程，从宏观角度进行整体规划。以深圳机场的数字化转型为例，在转型初期，深圳机场梳理业务流程，提出大运控、大安全、大服务和大管理四大业务体系，使用 AI、大数据、区块链等技术，打造智慧机场，缩短了旅客值机、托运、安检的时间，有效提高了机场的工作效率和旅客的满意度。

第四是财务。 企业应当结合自身实际，预估数字化转型的新增成本，计算出投入产出比，分析不同转型模式的成本、风险及收益，尽可能地将有限的资源发挥出最大的效果。

总而言之，企业数字化转型的顶层设计必然会涉及企业的组织架构变革。企业应当从人、组织、业务流程、财务这 4 个方面分析与目标的匹配程度，进一步明确企业数字化转型目标。这不仅是为了建立对当下组织架构的清晰认知，更是为了寻找转型过程中组织架构的变革方向。

◎企业数字化转型目标与利益相关者意愿的匹配度

企业数字化转型目标有时会牵扯到其他利益相关者，因此也应考虑他们的意愿，分析转型目标与利益相关者意愿的匹配程度。

例如，华为公司想要构建一个全球供应链体系，这就涉及华为 1 万多个供应商的利益。这些供应商都有自己的信息系统，各自的数据都是封闭的，没有共享。华为公司想要打造一个统一的供应链信息系统，打通各个供应商的数据，虽然能够提升数据的整体价值，提高所有企业的工作效率，但也要考虑到这些供应商是否愿意共享自己的数据，而这就需要与这些供应商进行沟通。

⚙ 5.1.7　目标的调整与确定

```
                    ↘↓    收  益    ↓↙

  认知收益
  · 对初步目标的细化和调整可以使企业数字化转型路径更清晰
  知识收益
  · 明确企业数字化转型目标的注意事项
```

在最终确定数字化转型的目标时，需要充分考虑以下要素。

◎数字化转型目标的切入点

企业的数字化转型不只是某一方面的变革，更是一个复合的成长过程。

从时间上来看，企业数字化转型需要 2～3 年甚至更长时间才能完成落地；从业务模块上来看，企业数字化转型需要多业务联动及庞大的技术团队的支持；从人员上来看，企业数字化转型需要专业的数字化人才，还需要每位员工都有数字化意识。

企业的数字化转型不是为了转型而转型，而是需要通过数字化的手段切实有效地解决一些问题。我们知道，整个企业的经营包括研发、生产、供应链、运营、营销等多个模块，而对于不同类型、不同发展阶段的企业，其转型过程中所要解决的核心问题不尽相同。例如，资源密集型和劳动密集型的传统工业企业需要借助数字化来提高生产效率，优化供应链，品类趋同、竞争激烈的快消品行业则需要着重掌握数字化营销的手段，在众多竞争者中优先抢占公众的视野。

因此，想要有效地实现数字化转型，企业需要找到一个符合企业业务发展需求、能够解决核心场景化痛点的切入点。企业可以从小的场景切入，先解决最关键的问题，再将数字技术拓展辐射至其他业务领域，逐步由点到线、由线到面实现全面数字化。

◎数字化转型目标的可量化

对企业来说，在实现数字化转型的过程中，无论是技术的开发应用，还是各项工程、机制的改革优化，都需要耗费大量的人力、物力和财力。企业如何把资源和资金用在刀刃上？如何用更小的投入撬动更可观的收入、事半功倍地实现降本增效？这就需要企业围绕转型目标，制定可量化的指标。

企业在设立量化目标时，要综合考虑各业务板块实现数字化的优先级，清晰计算不同数字化程度的投入产出比，从中选择最适合企业进行数字化转型的方法，避免过快或过度数字化导致的成本增高而收益甚微。制定目标时，要将目标具象成可以衡量转型结果的明确数据，包括目标实现的时间、方式、效率和结果。例如，某车间／某业务线需在 2023 年第一季度，实现 70% 的生产流程数字化，提高生产效率 50%，降低人工成本 150 万元。

◎数字化转型目标的范围经济性

在传统的工业生产中，为了降低成本，增加收益，通常会采用扩大生产规模的方式，形成对单一品种批量生产的规模经济。但随着规模的扩大，迭代成本提高、生产品种单一、流水线相对固定等问题逐渐暴露，规模经济难以适应数字化时代中用户需求的个性化和多样化，实现柔性生产、柔性制造成为众多企业数字化转型的目标之一。

因此，在制定转型目标时，可以考虑从范围经济的角度出发让目标设定更合理。简单来说，就是目标设定需要考虑如何用更少的资金和人力，实现更大范围的数字化，整合数字化进程，提高性价比。

例如，对重生产的企业来说，可以围绕生产线重点提升复合机械化水平，让用于生产制造的设备支持对不同零部件的加工，实现多种产线的自由切换，满足同一套设备可生产不同产品的需求；高科技企业可以通过研发一套数据中台来为企业内的业务部门提供服务。由此，随着业务线的增加，平摊到每个业务线的研发成本就越低，或将数据中台变成可对外向各行业提供数据支撑服务的平台，变成能力开放平台，从而形成范围经济。

◎数字化转型目标的阶段性规划

全面实现整体目标，需要企业拆解目标，把具体实现方式细化到微观层面，并落实到每个发展阶段。

在具体操作上，我们首先可以通过对数字化成熟度的 6 个阶段的学习，判断企业正处于哪个阶段，了解企业进入下一个数字化阶段所要具备的能力，据此制定企业的阶段性目标；然后，围绕阶段性目标划分不同业务领域、不同模块的实现路径，明确各模块要解决的核心问题和解决问题的主要方法；最后，再通过可量化的评估体系，阶段性衡量目标实现的程度和成果。数字化转型目标的阶段性规划见表 5-3。

表 5-3　数字化转型目标的阶段性规划

	运营目标	成本目标	效率目标
阶段一	达成标准	达成标准	达成标准
阶段二	达成标准	达成标准	达成标准
阶段三	达成标准	达成标准	达成标准
阶段四	达成标准	达成标准	达成标准

阶段性目标的制定，既有利于企业落实数字化转型，又有利于企业及时根据当前的发展情况调整下一阶段目标和策略，从而保证整体目标的实现。

◎数字化转型目标的战略可扩展性

在制定阶段目标的过程中，我们还需要考虑未来的扩展，即实现该目标的过程和结果，能够为整个数字化转型进程提供技术储备、经验积累、平台沉淀和成果复用等可持续价值。

　　以 Facebook（现名 Meta）为例，2021 年元宇宙热潮席卷全球，Facebook 率先突破，正式更名为 Meta，并全面布局元宇宙。为实现元宇宙这个长远目标，Meta 并非追求一蹴而就，而是选择以 AR、VR 作为战略切入点，再逐步扩展至其他领域。这个战略的可扩展性在于：从当前来看，技术基本能满足要求，市场有非常多的应用场景，且用户早已了解 AR、VR 并开始使用，企业收益有所保证；从未来来看，随着各方技术逐渐成熟，赋能 AR、VR 的使用场景，以 AR、VR 为基点，将多项技术连接，最终实现元宇宙的布局。

5.2　第二步：数字化转型具体实施

收　益

认知收益
- 企业的数字化转型要结合自身战略制定具体的实施规划
- 想让数字化转型真正发挥效益，就必须真正做到对准业务

知识收益
- 了解数字化转型实施落地的 3 种方式
- 了解具体实施方式及其优缺点
- 了解数字化转型的三大实施步骤

5.2.1　数字化转型实施的 3 种方式

◎ 自建

　　一般来说，当企业拥有足够强的技术实力时，大部分会考虑自建。那么自建的优势有哪些？首先，自建能够确保企业做到自主可控，即团队、平台

的建设完全自主可控，不受制于外部因素；其次，自建可以真正实现量身定制，可以量身打造出最贴合企业自身业务需求的平台和系统；再次，自建能更好地实现快速迭代，在研发资源得到保证的前提下，可以快速响应需求的变化；最后，自建比外包具有更大的创新活力，例如，自建研发团队在发展良好的情况下，更能激发自身的主观能动性，充分利用企业资源，实现新的创新突破。

自建也有一些劣势。首先，在成本上，无论是自建团队，还是自建数字化平台，都面临着高昂的成本；其次，自建的初期见效很慢，一般来说，传统企业的核心业务系统经过多年演进，复杂度普遍较高，自研的数字平台往往在初期需要较长时间才能实现稳定使用；最后，自建往往面临着严峻的行业竞争，在任何行业都存在着大量的专业科技公司，有着多年的产品、技术积累及丰富的实践经验，传统企业的自研团队要想在这种市场环境下竞争并胜出，挑战很大。

◎外包

通常来讲，企业之所以会采取外包这种方式，主要是为了更加专注于核心业务和降低开发成本。因此，外包最大的优势就是成本可控，即相对于自建，采用外包实施模式所需要的自有人员较少，使用相对成熟的产品和二次开发的成本也较低。同时，外包的平台、系统往往更成熟，对于行业的核心业务系统，一般都会有较为成熟的产品和解决方案，在实施上线时相对稳定成熟，风险较低。此外，外包意味着行业对标，专业公司的产品和解决方案总结和提炼了大量优秀公司的最佳实践，可以取各家之长，做到兼容并蓄。

外包也存在一些劣势。首先，外包限制因素多，系统应用的好坏除了内部因素，还受限于原厂商的资源，经常会发生原厂商跟不上企业的发展速度而出现系统瓶颈的问题；其次，响应速度慢，平台、系统的大量问题无法自行解决，必须通过原厂商来解决，这必然会降低响应速度和效率；再次，外包会让企业产生依赖性，市场瞬息万变，企业经常会根据市场情况调整战略并转型，完全依赖外部厂商和产品可能会导致系统、平台的布局落后于战略转型的需求；最后，外包还容易让企业形成"信息孤岛"，多个厂商建立的平台或系统可能会缺乏统一的底层架构和标准规范，必须依靠企业自身的能力来弥补，否则很有可能会出现碎片化和"信息孤岛"的情况。

◎混合

我们应当避免非黑即白的极端化决策。事实上，大多数企业会同时存在自建和外包混合实施的情况，只是对于什么系统采用什么方式，会有各自不同的判断。同时，还可以根据项目自身的特点采用不同的方式，对于长期频繁且需要快速更新的项目，最好采用自建的方式。而对于需求稳定的项目，可以采用外包的形式。此外，前面我们也提到过"数字化实验室"的概念，即找一个既懂业务又懂技术的转接中介，实现业务方和技术方的间接连接。数字化实验室扮演了翻译的角色，把业务语言清楚准确地转换为技术方能够快速理解的技术语言。这样就降低了开发的系统或软件偏离最初的业务需求的可能性。这种数字化实验室实际上也是自建和外包进行混合的一种尝试。

总而言之，企业应考量自身的战略规划、经营规模、业务需求、系统平台现状和人员储备等多重因素，实现自建与外包的混合决策，使企业自身的利益最大化。

✿ 5.2.2　数字化转型实施的步骤

要想让数字化转型真正发挥作用，我们就必须真正做到对准业务。业务相当于我们在企业中所做的一件件具体的工作，而我们在现实世界里做一件事需要的所有资源实际上可以分为对象、过程及规则 3 类。数字世界是现实世界的映射，换句话说，我们只要做到将对象、过程及规则映射到数字世界，就真正实现了业务的数字化。因此，我们实施数字化转型有三大步骤，即明确业务对象、明确业务过程及明确业务规则。

以汽车厂为例，汽车厂的业务对象既不是人，也不是车，而是"用户使用这台车的全流程体验"。明确了业务对象之后，就需要确定业务过程，这就要求我们紧紧围绕业务对象去设计。按照数字化的思路，数据是至关重要的，在卖出去车的时候，我们应该保留记录，例如这个车的车架号、颜色、型号等；我们还要记录用户使用这台车的整个生命周期的信息，例如，用户给车买了什么保险，什么时候出了什么事故，去哪里维修等，一旦记录下这些信息，我们就能找到一些规则，例如，什么样的用户最可能购买这个型号的车等。有了这些规则，我们就能做到在恰当的时间、用恰当的方式服务用户。

在数字化转型之前，汽车厂和它的分销商属于上下游的关系。分销商既帮助汽车厂卖车，又分走了汽车厂的利润。它们既合作又博弈，这种情况叫作"分销商陷阱"，很多企业和自己的上下游都有这个困境。但是在数字化转型之后，企业变成了一个服务平台，4S 店是平台上产业生态的一部分，汽车厂完全可以与它们合作，例如，在签约时给用户发一些优惠券，让优惠券引导用户去汽车厂的 4S 店。这样，4S 店就变成了一个共建产业生态的合作伙伴，既在帮助汽车厂销售，也在帮助汽车厂服务用户。

我们可以发现，在这个案例中，重新定义业务对象之后，业务过程形成了一张网，数字化给网上的每个节点都制造了可能。

对网上的企业来说，如果其能管理好自己的周边网络，就能极大地提升自己在网络中的重要性，获得超出其他同类企业的竞争力。

5.3　第三步：数字化转型效果评估

收　益

认知收益

· 成功的数字化转型助力企业实现降本增效

知识收益

· 投入和产出比是企业数字化转型效果的评估标准

　　企业完成数字化转型之后，可以通过财务指标来评估效果。数字化转型必须要为企业带来实际的价值，例如，帮助企业创造新的价值，或实现降本增效。只有真正让企业受益，才能说数字化转型是成功的。反之，若在数字化转型中只注重表面现象，而没有给企业带来实际的利益，那数字化转型就是失败的。

　　一次成功的数字化转型，往往能极大地优化成本。例如，作为全球市值排名第一的车企，特斯拉的市值超过第二、第三、第四、第五名市值的总和，是第二名的 3 倍。但是通过数据我们可以发现，2019 年，特斯拉的研发费用只有第二名的十分之一（86 亿元人民币）。原因有很多方面，例如核算方法、造车种类不同等，但有一点是不能被忽视的，就是特斯拉在研发过程中的大量碰撞测试都采用的是数字化仿真技术。可想而知，这种数字化手段帮助特斯拉降低了大量的成本。传统的研发流程都是线性的，必须有实体样机，一旦样机出现故障，就要从头再来。有了数字化测试仿真技术，在真正制造一台实体样机之前，可能已经在计算机软件上进行了成千上万次的测试，极大地优化了研发环节，缩短了流程，降低了成本。因此，在评估数字化转型的效果时，我们要考虑的财务指标之一就是成本，包括研发成本、人工成本等，我们要将企业进行数字化转型之后的成本与进行数字化转型之前的成本进行对比，以便评估数字化转型是否真正地降低了成本。

我们还需要关注与产出相关的财务指标，观察数字化转型带来的效率提高情况。我们可以通过一些和业务相关的指标，例如周转效率、产线调整周期、作业效率、协同效率、响应时间、巡检效率、畅通率等，全面判断产出效率的提高情况。例如，美的通过数字化转型，打造了两座世界级的"灯塔工厂"，"灯塔工厂"为企业带来的效率提高是多方面的，包括生产力的提高——工厂产出提高4%～200%、生产效率提高5%～160%、OEE提高3%～90%，可持续发展能力的提升——原材料浪费减少5%～40%、水资源消耗减少10%～30%、能源消耗减少1%～50%，以及敏捷性的提升——库存减少10%～90%、生产周期缩短7%～90%、换型时间缩短30%～70%，还包括高效定制化的实现——设计迭代时间缩短15%～40%、定制化精度增加15%～20%、批量减少55%～90%。

可以看出，每个指标带来的效益是十分具体的，并且指标是多维度的、是与业务紧密联系的。因此，我们在评估数字化转型的效果时，应始终围绕数据，基于具体业务，全方位、多维度地评估数字化带来的产出效率提升水平。

总之，企业数字化转型是大势所趋，我们只有取势、明道、优术，才能把握大势，逐浪而行；认清规律，抓住机遇；联系实际，落地执行。希望所有的企业都把自己的发展融入数字经济时代浪潮及国家发展的数字化战略大势中！